50代・60代のための
ライフワーク
起業のススメ

本当に「やりたいこと」を見つけて
ビジネスにしていく手法とは

大場保男 著

セルバ出版

はじめに

●50代・60代が起業する人全体の50％を超えている！

なぜ、シニア層の起業が多いのか？　老後の生活のためという経済的な理由の他に、「このままで終わっていいのだろうか？　自分の人生は…」と、今までの人生を振り返って、これからの人生をどう生きるかを考える年代だからだと言われています。

●人生を2度生きられる時代

男女とも平均寿命は80歳を超え、「人生１００年時代」とも言われています。戦後すぐの昭和22年の平均寿命は、男性が50・1歳、女性が54・0歳でした。私たちが子供の頃は「人生50年」と言われており、80歳を過ぎた人などは稀でした。思えばこの70年あまりで30歳も伸びたことになります。

新卒で会社に入り、定年まで勤めあげて、老後は悠々自適に暮らす、そんな時代は過去のものになっています。今や「人生50年」の頃と比べると「人生を2度生きられる時代」に私たちは生きており、長い人生の後半をどのように生きていくのか、老後の生活費のことも含めて、多くのシニアの課題であり関心事となっています。

こんな状況の中、50代・60代で起業する人が非常に多くなっています。起業する人たちの中で、この年代の占める割合は51・8％、とくに60代は35・０％と各年代を通して一番高く（２０１７年版中小企業白書より）、50代から準備して60代になって起業する人が多いことがうかがえます。

このようなことから、今や起業といえばシニアの時代と言われています。

●50代以上は自分のやりたいことで起業する人が多い

私は、神奈川県内の商工会議所や行政機関で起業相談を13年間担当していました。相談者の数は６００名を超えています。以前は30代・40代の人の相談が多かったのですが、7～8年くらい前から50代以上の相談者が大変多くなりました。それも男性だけでなく女性もこの年代の人が多いのです。

相談を担当していて気がついたことがあります。30代・40代の人は、今までと同じ仕事で独立起業するという傾向が強く、50代以上の人は、今までとは違った仕事を選ぶ傾向があるということです。

50代以上になると、今までは家族や子供のために生きてきたけれども、これからは「もっと自分を活かす仕事をやりたい」という意識の人が多いように感じられます。

アパレルの会社の部長だった人、ある日帰宅して奥さんに「オレ、会社を辞めて庭師になる」、そう言われた奥さんは目が点になったそうです。その後、庭師として独立してストレスも少なくのびのびと働いています。刑事を辞めて地域の特産品を開発して事業化している人、ＩＴ業界から豆腐屋に転身し事業が次々に広がっている人、同じくＩＴ業界から〝福祉ができる美容師〟として自らの活動だけでなく仲間を全国に広げる活動を行っている人、コンビニのパートから若い頃からの夢だった料理の仕事で起業した女性、子供たちが独立したので古民家を活用したカフェを開いている女性など、様々なテーマで起業しています。

年金や退職金だけでは老後の生活が不安だ、という経済的な理由から起業する人も多いのも事実です。しかし、今あげた彼らに共通しているのは、今までの仕事とは違う世界に飛び込んで、「自分のやりたいこと」で起業しているという点です。

このような人たちを見ていると、50代・60代という年齢は、それまでとは違った視点で自分の人生を考えていると思えるのです。

●自分の生きてきた人生を振り返ってみる年代になった

どこからともなく行列が続いている
次から次へと人が歩いてくる
この行列は、どこから来たのだろう
そして、どこへ行くのだろう
誰も知らないで、ただ歩いている

この行列には、あなたも加わっている、そして私も…

この文章、私が高校生のときにある本を読んでいて目に留まり、今でも鮮明に覚えています。高校生といえば、生意気ながらも「人生とは何ぞや?」などと考え始める時期ですね。その後は、受験だ、就職だ、仕事だ、結婚だ、家庭だと、「人生とは何ぞや?」などということは考える暇もなく、ただただ時間が過ぎていき、気がついてみるといつの間にか中年と言われる年代に差しかかっていました。

しかし、50歳を過ぎたあたりから、今まで考えもしなかった「自分の死」について、時々ふっと気に掛かることがありました。「自分はあと何年生きられるのだろうか?」、「自分の人生は、このまま終わっていいのだろうか?」という思いが心に浮かんで来るのです。

50代のサラリーマンの人たちと飲みながら世間話などをしていると、次のような悩みが出ることが多いという話をしばしば耳にします。

・今の仕事は好きではないが、生活のために続けざるを得ない。
・無意味に年だけとっていくようで、自分は何のために生きているのだろうか。
・何をやっても喜びは感じないし、充実感もない。
・もう、俺のサラリーマン人生も先が見えているよ。

酒の上の話なので本音が出るようですが、一人がこんな悩みを話すと、他の人も「実は俺も…」と、同じような悩みで話は盛り上がるというのです。そんな話で盛り上がっても…と苦笑しつつ聞いています。

●心理学の発達段階から見た50代・60代とは

ジョージ・ワシントン大学の心理学者ジーン・コーエンは、長年の研究の結果、人生の後半生は次の4つの発達段階に分かれると結論づけました。

・第1段階　再評価段階（40代前半～50代後半）
・第2段階　解放段階（50代後半～70代前半）
・第3段階　まとめ段階（60代後半～80代）
・第4段階　アンコール段階（70代後半～人生の最期）

40代前半～50代の後半の「再評価段階」は、「人生の意味を見つけたい」「新しい仕事を始めたい」「夢に挑戦してみたい」という気持ちが湧き上がってくる時期であり、次の50代後半～70代前半の「解放段階」は、自分のこれまでの人生を再評価し、新たな技術を習得したり、新たな活動や役割に挑戦するエネルギーが湧いてくる段階だというのです。

●古代インドの人生の4つの時期とは

古代インドでは、人生を次の4つの時期に分けていました。

・0〜25歳　学生期　よく学び、身体を鍛える時期
・25〜50歳　家住期　仕事に励み、家庭を維持する時期
・50〜75歳　林住期　真の生きがいを探す時期
・75〜天寿　遊行期　自分の人生を統括する時期

林住期は、ひととおりの苦楽を経験して人生がわかってきている年代であり、昔の人は「人生の黄金時代」と呼んで、楽しみにしていたそうです。

このような心理学の研究や古代インドの見方から起業を考えると、自分の〝本当にやりたいこと〟を仕事にすること、持っている可能性や使命を踏まえた仕事を通して、〝これこそ自分の生き方だった！〟と後悔のない人生を全うすること、これが50代・60代の起業の原点だと言えるでしょう。

●ワクワクする第2の人生を送るために

起業によって、自分の本来持っている能力を活かして社会の役に立つ、毎日ワクワクしながら仕事をする、これが叶うなら、きっと充実した第2の人生になることでしょう。

しかし、次のような疑問が湧いてきませんか。

・自分の本当に「やりたいこと」や「自分の可能性」って何だろうか？
・今考えていること、これが自分の本当に「やりたいこと」だろうか？
・本当に「やりたいこと」を仕事にするにはどうしたらいいのだろうか？

・本当に「やりたいこと」を仕事にしてお金を稼ぐことができるのだろうか?
・それ以前の問題として、起業して本当にうまくいくのだろうか?

こんな疑問にお答えするのが、本書でご紹介する「CoBAメソッド」、私の今までの起業相談から生まれた実践的なメソッドです。

これによって、本当に「やりたいこと」や「自分の可能性」を見つけ、天職と言えるライフワークで起業して、第2の人生を充実したものにしていただければ、とても嬉しいです。

2021年1月

大場　保男

50代・60代のためのライフワーク起業のススメ
—本当に「やりたいこと」を見つけてビジネスにしていく手法とは　目次

第6章　ビジネスモデルづくり　「CoBA メソッド」の第2ステップ

第7章　アクションへの転換　「CoBA メソッド」の第3ステップ

第8章 目標設定や計画づくりはどうするか

第9章 もしも計画どおりにいかなかったら

第10章 時間を制する者がビジネスを制する

第1章　人生100年時代をどう生きる？

50歳は、まだ人生の折返し点！
60歳で「もう年だから…」なんて昔のこと！
老けているヒマなんてない生き方を！

1　人生を2度生きられる時代の私たち

●大隈重信の時代から憧れだった〝人生１００年時代〟

早稲田大学の大隈記念講堂の時計台の高さは１２５尺（約38メートル）。これは、大学の創始者である大隈重信の「人生１２５歳説」にちなんでこの高さになっていると言われています。彼は、当時としては長寿の83歳で亡くなりましたが、本当は１００歳以上まで生きたかったのでしょうね。

２０１５年1月、ＮＨＫスペシャルで凄いことを放送していました。ＮＭＮという物質が老化を防止し、２０４５年には平均寿命が１００歳になるというのです。それだけではありません。この物質をマウスに投与した結果、細胞が大幅に若返ったそうです。人間に当てはめると、60歳の細胞が20歳に若返ったということで、60代の人が20代に戻れるかも知れないということだそうです。その結果、60代や70代の女性が子供を産むことができるようになる可能性があるというのですから、まるで夢のような話ですね。

２０１６年、「LIFE SHIFT １００年時代の人生戦略」（東洋経済新報社刊）という本が発行され、これをきっかけに〝人生１００年時代〟という言葉が広まりました。この中に、「今この文章を読んでいる50歳未満の日本人は、１００年以上生きられる時代、すなわち１００年ライフを過ごすつもりでいたほうがいい」と書かれていました。

【図表1　年齢別の生存確率】

	現在の年齢	50%生存確率	20%生存確率	100歳を超えて生きる確率
男性	30歳	84歳1か月	91歳6か月	1.54%
	40歳	84歳2か月	91歳6か月	1.55%
	50歳	84歳4か月	91歳7か月	1.58%
	60歳	84歳10か月	91歳10か月	1.64%
女性	30歳	90歳	96歳1か月	6.77%
	40歳	90歳	96歳1か月	6.80%
	50歳	90歳2か月	96年2か月	6.86%
	60歳	90歳4か月	96年3か月	7.01%

出所：厚生労働省「平成28年簡易生命表」よりフィデリティ退職・投資教育研究所計算

●今まで働いてきた時間より長い！　60歳からの老後の時間

〝人生100年時代〟とはいえ、実際に私たちは何歳まで生きられるのでしょうか。図表1の年齢別の生存確率を見ると、現在60歳の男性の50％が84歳10か月、20％が91歳10か月まで、60歳の女性の50％が90歳4か月、20％が96歳3か月まで生きられるというのです。

したがって、私たちシニア世代は、平均寿命を人生のゴールと考えるのではなく、その先まで生きられることを前提に、そこから逆算して老後の人生を考えたほうがいいのではないでしょうか。

私たちが20歳から働いて60歳まで40年間会社勤めした総労働時間は、1日8時間、1年に250日働いたと想定すると約8万時間になります。60歳から85歳までの25年間で、1日に10時間の自由時間があったとすると、約9万時間となり、今まで働いてきた時間より長い老後の時間を過ごすことになります。

しかし、老後もある年齢に達すると、誰かのお世話にならざるを得ません。親の世話になっていた時期を離れ、自分の足で人生を歩き始めたのが20歳として、誰かの助けなしで歩けるのを80歳までとすると、その間の60年間の中間点は50歳、つまりその年齢が人生の折返し点と言えるでしょう。

●後半の走り方によって人生は大きく変わる1

折返し点という言葉を聞くとマラソンを思い出しますね。マラソンの場合、折返し点ではまだまだ勝負はわかりません。後半の走り方によってレースは大きく変わってきます。人生のレースも同じではないでしょうか。

今までの仕事や人生に必ずしも満足できない、むしろ不本意な人生だったという人もいるでしょう。でも、全く新しい第2の人生を走ることができるのです。70年前の〝人生50年時代〟には考えられなかった〝人生を2度生きられる時代〟に生きている私たち、そのチャンスを活かすも殺すも私たち次第ではないでしょうか。

2　年齢に関係なく脳は活性化する！

●昔と今の高齢者を比べてみると…

私は、先祖の墓参に行くと、他家の墓碑を見ることがよくあります。すると、私たちが子供の頃によく見かけた近所のジイちゃんやバアちゃんが亡くなった年齢は、60代が多いことに気がつきます。腰が曲がっていたあの人が、杖を突いていたあの人が60代だったのかと思うと今昔の感があります。

私たちの町内会には老人会があり、60歳になると入会できます。しかし、「60歳で老人会なんて…」と、その年齢で入る人は誰もいません。神奈川県大和市では、「70代を高齢者と呼ばない都市宣言」を出しているそうです。今のシニアは、昔の60代・70代とは全然違いますね。テレビを見れば、80歳を過ぎた黒柳徹子や加山雄三が元気に活躍しています。私たちの周囲にも元気な高齢者が沢山います。

私の知人の〝どんぐり源さん〟こと平賀国雄さんは、〝どんぐり〟の実でクッキーやコーヒー、煎餅、味噌などを開発して事業化しています。現在90歳を過ぎていますが、起業したのは80代になってからです。今ではクラウドファンディングにも挑戦しています。いつも〝どんぐり〟を食べているせいか、顔はピカピカの肌です。「縄文人は〝どんぐり〟を常食していた。縄文時代は1万年ほど続いたが、戦争のような争い事はほとんど起きなかった。21世紀のわれわれも、もっと〝どんぐり〟を食べれば世界から争い事がなくなる。21世紀こそ縄文人に学び縄文文化を世界に広めるべきだ」と壮大な夢を語っています。

●大脳の潜在能力は年齢とともに発達していく

「確かに平均寿命は長くなったけれど、やっぱり年齢とともに体力だけでなく、記憶力や創造力などの脳の働きも衰えていく。だから50代・60代で起業しても、若い人たちと競争になったら負けてしまうに違いない」と思っている人も多くいるのではないでしょうか。

東北大学の加齢医学研究所では、人間の大脳を10年間追いかけて計測したそうです。その結果、次のようなことがわかったとのことです。

『人間の大脳は、外側の灰白質と内側の白質の2つの部位に分けられる。灰白質は神経細胞の集まりであり、その体積は20歳を過ぎた頃から減少し始め、年齢とともに直線的に減少していく。

一方、白質は神経線維の集まりであり、灰白質とは対照的に年齢とともに少しずつ増えていく。ピークは60代から70代の間となる。それを過ぎると減少していくが、80代でも20代と同程度の体積がある。

このことから言えることは、年齢とともに計算したり記憶したりするスピードは落ちてくるけれども、直観力や洞察力という高度で深い知恵の力は増えていくようだ。つまり、大脳の潜在能力は年齢とともに発達していく』。

●記憶力は年齢ではなく興味や関心で決まる

チョウやガの写真を撮ることを趣味にしている70代の知人がいます。彼は、何千枚という写真のチョウやガの名前はもちろん、いつどこで撮ったのかもすべて記憶しています。彼を見ていると、自分の興味や関心があるものについては、記憶力は年齢に関係ないようです。

50代の喫茶店のママさん、約５００人のお客さまの顔と名前だけでなく、飲物の好みまですべて頭に入っているそうです。「すごい記憶力ですね、どうして覚えられたのですか?」と質問すると、「別に記憶しようとして覚えたわけではありません。その人に興味を持っていると、自然に頭の中に入ってくるのです」と答えていました。

●年齢とともに記憶の引出しが多くなり創造力も高まる

世界の美術に大きな影響を与えた葛飾北斎、「富岳三十六景」などの代表作は60歳を過ぎてからの作品であり、90歳でいよいよ死を迎えるとき、「天があと10年の時、いや5年の命を与えてくれるなら、本当の絵かきになってみせるものを」と嘆いたと言われています。

建築家の方々は特に創造力が求められますが、安藤忠雄さんをはじめとして、年齢とともに独創的な作品を生み出す人が多いと言われています。創造力や独創力は、ゼロから新しいものを生み出すのではなく、既存のものを組み合わせたり、結びつけたりすることによって生まれる、年齢を重ねれば経験に伴って記憶の引出しが多くなるので、創造性が高いものを生み出すことができるというのです。

●働いているシニアほど長生きする

脳と違って、体力面は年齢とともに衰えています。これは仕方ないことですが、働いているシニアは、働いていない人と比べて、平均して2年ほど長生きするという研究結果を慶應義塾大学の岡本翔平博士が発表しています。寿命だけでなく、認知機能の低下や脳卒中の発症も少ないという結果も出ているそうです。

昔ならば50歳が人生のゴール、しかし今は50歳が人生の折返し点です。しかも、頭を使っていれば年齢に関係なく、脳の機能を活発に維持することができ、働くことによって健康面にも大きなプラスがある、あなたはこんな第2の人生をどのように走りますか。

3　老けるヒマなんてない第2の人生を！

●年齢は自分で決める！

昭和30年代、わが家に初めてテレビが来た頃、NHKの画面に頻繁に登場していたのが下重暁子アナウンサーでした。80歳を過ぎた彼女の「年齢は捨てなさい」という本には、シニアの生き方についての示唆に富んだヒントが満載されています。この本の中で、彼女はこんなことを書いています

『いつも、自分は今年いくつで、来年はまた年を重ねるなどと気にしている人は、年齢に引っ張られて生きているといっても過言ではありません。気にしようがしまいが時間の経過に伴って年

は取るわけで、わざわざ気にする必要などないのです。口癖のように「もう年だから……」と言う人がいますが、そのセリフは人生を諦めていることを表しています』。

彼女が60歳になった時、還暦という言葉を改めて広辞苑で引いてみると「60年で再び生まれた年の干支に還る」と書いてありました。そこで、60歳で新しく生まれ変わって好きなことをやっていくと決心して、60歳で加齢を停止し、そこから先は年は取らないことにしたそうです。

彼女は、年齢には役所に届けられた〝外的年齢〟と、自分の気持ちの持ち方で決める〝内的年齢〟があると言っています。〝人生１００年時代〟は、年を数えていったらキリがありません。外的年齢はともかく、下重暁子さんのように内的年齢は自分で決めたらいかがでしょうか。

●老けるヒマなんかない！

１９３２年生まれの女優の岸惠子さん、女優にとどまらず、エッセイや小説も手掛けています。そんな彼女が81歳の時に発表したのが官能小説「わりなき恋」、〝70歳を超えた女性の愛と性〟というキャッチコピーで話題を呼びました。

「若さの秘訣は何ですか」と聞かれて、「何の目的もないから老けるのよ。新しいことに挑戦し続ければ老けるヒマなんかない。言葉をかえれば、もっと苦労することが必要なのよ」と答えたと言います。まさに脱帽です。

シニアと言われる年齢になると、「挑戦」という言葉とは縁遠くなりがちですが、生きている限り「挑戦し続け、走り続ける」、この気持ちこそ〝人生100年時代〟のキーワードかも知れませんね。

●働くことによって強い〝生きる活力〟が生まれる

定年になったら、温泉三昧の生活を楽しもう、孫を相手にのんびり暮らそう、現役で忙しく働いているときにはこんなことを夢見ています。ところが、いざ定年になってそういう生活をすると、2～3か月で飽きてしまうそうです。

また、仕事を辞めて家にいると急に老け込むという話をよく耳にします。岸惠子のインタビューを聞くと、その理由が納得できます。とくに今まで会社人間だった男性ほど、この傾向が強いと言われています。

だから、趣味でも、ボランティアでも、地域活動でも、何かやることが大事だよと人にすすめられます。人と関わること、自分のできることで周りの人の役に立つこと、そのこと自体が〝生きる活力〟につながるからでしょう。

しかし、働くことのほうがもっと〝生きる活力〟につながります。起業して働けば、収入を得ることができます。人や社会の役に立つ活動をした結果が売上という形でフィードバックされます。無報酬の場合と比べて、取り組む姿勢や真剣度が違ってきます。「自分はプロだ！」という心構えが自信や誇りになります。充実した第2の人生を全うしたいのであれば、仕事をすることによって、

〝生きる活力〟を持ち続けることが必要だと思います。

仕事をすることが〝生きる活力〟につながる、それが仕事の質そのものを高めていくとともに、人とのつながりが広がっていく、今はこんなシニアが増えているのです。このような好循環が生まれてくれれば、岸恵子さんのように「老けるヒマなんかない！」という状態になることでしょう。

4　60歳で転身、ＩＴ業界の営業から福祉の美容師に！

●商店街に「髪のケアは心のケア」と書かれた美容室が…

横浜市栄区の新大船商店街、ここにある「福祉美容室カットクリエイト21」、これからご紹介する藤田巖さん（図表２）が最初に開業したお店です。

シャッターには、「髪のケアは心のケア」と大きく書いてあります。新大船商店街といっても東海道線大船駅からはかなり距離がある住宅街の中にあり、この周辺は横浜市の中でも最も高齢化率が高いのだそうです。

【図表２　ＩＴ業界から美容師に転進した藤田さん】

藤田さんは、大型コンピュータの販売など一貫して営業畑を歩いてきたビジネスマンです。ブラジルにも６年間駐在し、販売だけでなくコンピュータ教育やコンピュータを通してのサー

ビス業務を担当しました。このときに覚えたアルゼンチンタンゴ、今でも趣味で続けているそうです。

ずっと営業畑一本で歩いてきた藤田さん、なぜ美容の世界に、しかも高齢者の福祉のための美容の領域で起業したのか？　そこには、藤田さんの心を動かしたこんな話があったのです。

●第2の人生を考えるきっかけとなった新聞記事

50歳を迎えた頃、そろそろ定年後のことも考えなければ…と、新たなシニアライフとして「今後5年、10年打ち込めるもの」を探し始めていました。そんなときに目にしたのか、次のような新聞記事でした。

『高齢者の福祉施設でのこと、身体のほうはどことといって特別悪いところはないという92歳のお婆さんがいた。しかし、1日中ベッドに寝た切りで自分の部屋から出ようとしない。医者からは「部屋から出て、皆ともっと話をしたり、一緒にゲームなどをして楽しまなければダメですよ」と言われても、相変らず籠りっきりの状態が続いていた。

そんなある日、美容師のボランティア・グループが施設を訪れた。他の高齢者とともに、籠りっきりのお婆さんも、髪をセットしてきれいにメイクアップしてもらった。それからお婆さんは変わった。医者にいくら言われても部屋の外に出ようとしなかったが、この日をきっかけにして積極的に他の高齢者たちとの交流を楽しむようになり、施設内を元気よく歩くようになった』。

この新聞記事を読んだ藤田さん、『医者から言われてもダメだったけど、美容師の方々によってお婆さんの行動が変わった。医者にできなかったことをあの人たちはやったのだ』と、大きく心を動かされました。この新聞記事こそが、「介護のできる美容師」を目差そうという第2の人生を決めるきっかけになったのです。

●夢の実現のために美容師免許とヘルパー資格の取得

今までコンピュータの営業一筋だった藤田さん、介護や美容の世界は全く未知の領域です。「介護のできる美容師」になるには、美容師免許とヘルパーの資格を取得することが必要です。

まずは、美容師の免許取得のために通信教育を受講しました。しかし、テキストでは知識を学ぶことはできても美容の技術を身につけることはできません。

そこで、知合いの美容院に頼み込んで、会社が終わったあとや休みのときに実習をさせてもらいました。この頃は、好きだったゴルフの付合いも断っていたので、同僚などから不思議に思われていたそうです。ビジネスマンとしての仕事を続けながらですから大変だったと思います。

しかし、現実は甘くはありませんでした。美容師免許の試験結果は不合格、やはり無理だったかと思いつつも、ここで諦めたら自分の夢は終わってしまう。再度受験したけれど、やっぱり不合格でした。試験会場の自分の周りは若い女性たちばかり、その中で藤田さんだけが中年のオッさん。さすがにこのときは心が折れそうになったそうですが、挫けずに3度目に挑戦し、56歳で見事に合格しました。ホームヘルパー2級の資格も取得しました。

●美容室とともに福祉美容の輪を広げる活動も

58歳で定年になり、その後の2年間は週5日の美容室勤務と、週に2日のナーシング・ホーム通い。そして60歳のときに開業したのが新大船商店街の「福祉美容室カットクリエイト21」（図表3参照）です。

【図表3　福祉美容室カットクリエイト21】

66歳になって、お客さまのところまで出向いて行ってサービスを行う「株式会社出前美容室〝若蛙〟」をオープンしました。

現在、グループ全体で48名の美容師を抱え、首都圏全体にサービスエリアを広げ、デイサービス、介護付老人ホーム、病院など200近い施設と契約しています。

さらに、福祉美容の輪を広げるために有限事業組合「全国訪問理美容協会」を立ち上げ、訪問美容のノウハウを教えるセミナーや技術指導、講演などを積極的に行っています。

また、本業だけでなく、新大船商店街の役員として、地域商業の活性化にも力を入れています。

第2章　シニア起業の現状と落とし穴は？

起業にはリスクがつきものであり
とくにシニアの起業には、あちこちに落とし穴がある！
それを乗り越えて１歩を踏み出すには？

【図表4　起業家の年齢別構成の推移】

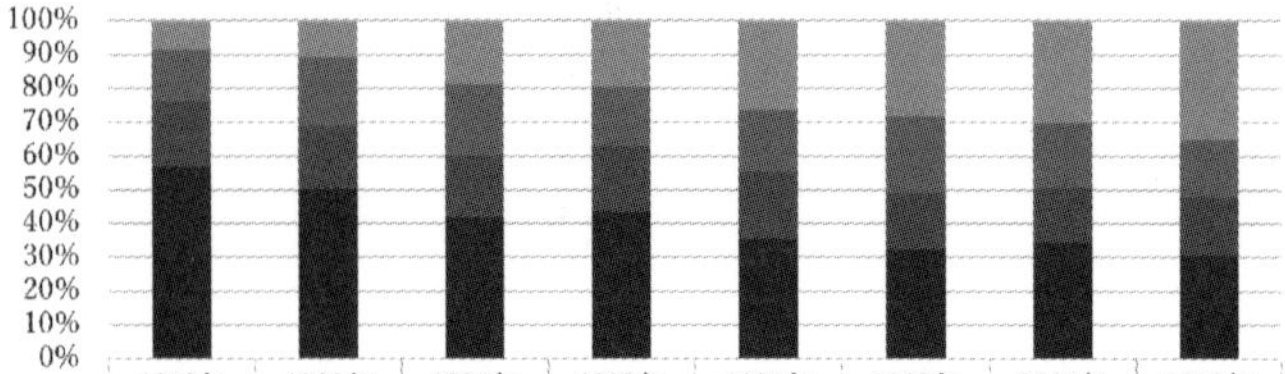

	1979年	1982年	1987年	1992年	1997年	2002年	2007年	2012年
60代	8.40%	10.60%	18.80%	19.30%	26.20%	28.10%	30.10%	35.00%
50代	15.30%	20.20%	20.50%	17.50%	18.00%	22.70%	19.10%	16.80%
40代	19.30%	18.90%	18.50%	19.60%	20.00%	16.80%	16.50%	17.50%
30代以下	57.00%	50.30%	42.20%	43.60%	35.70%	32.40%	34.30%	30.70%

■30代以下　■40代　■50代　■60代

出所：中小企業白書 (2017 年版)

1　シニアの起業はなぜ増えているのか

●50代・60代の起業が約30年間で2倍に増えている

「起業するなら若いうち」、この言葉はすっかり過去のものになってしまいました。

今から約40年前の1979年には、39歳以下での起業が6割近くを占めていましたが、年々減少して2012年には3割ほどになっています。これに対して50代・60代は、1979年の約24％から2012年の約52％へと2倍以上に増加しています。

50代と60代を比べてみると、50代は増えたり減ったりを繰り返していますが、60代は一貫して増えており、1992年には50代を上回り、2012年には35％に達しています。IT業界から福祉の美容師に転身した藤田巌さんのように、50代で準備をして60代で起業する人が多いというのが実態ではないかと推測されます。

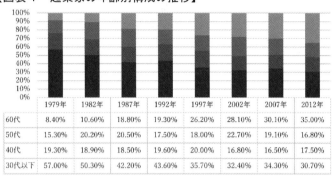

●シニアの起業が増えている３つの理由

はじめにでご紹介したように、50代・60代は自分の人生を振り返り、もっと自分の可能性を活かせる仕事をしたいという想いが強くなる年代であり、これが起業の動機の底流になっていると思われます。

起業相談をしていると、女性の場合は、今までは家族のために頑張って生きてきたけど、これからは自分のやりたいことのために生きてもいいのではないか、といった理由から起業する人が多いように感じられます。

一方、会社勤めの男性の場合には、自分の可能性を活かしたいという理由のほかに、次のようなもっと現実的な理由から起業に踏み出す人が多いのも事実です。

ただし、失敗したらどうしようと躊躇している人が多いのは、女性よりも男性のほうです。

■理由１：老後の不安

「年金の支給年齢が高くなり、金額も減らされるかも知れないので老後の生活が不安だ」―こんな理由から起業する人が多いと推測されます。

総務省の「家計調査」（平成28年版）によると、夫婦2人の1か月の生活費は２３７，０００円、60歳から90歳までの30年間で約8，５００万円、これを年金や退職金、蓄えなどで賄えないならどうするか、これは大きな問題です。

■理由２：元気で先が長い

60歳や65歳で定年になってもまだまだ元気、会社を辞めたからといって家にジッとしている年ではない。しかも〝人生100年時代〟と言われている。どうするか。これから就職先を探そうとしてもなかなか見つからない。だったら起業しよう。こんな人が増えているのも事実です。

■理由3：社会との関りを持っていたい

今まで朝になれば通勤電車に乗って会社に行っていた。きょうからは通勤の人の群れの中に入らなくてもいい。解放感がある反面、寂しい気持ちも強いという定年退職者の声をよく聞きます。会社に行かなくていいのなら、別の形で社会との関りを持っていたい、この気持ちはサラリーマンだった人ならよくわかると思います。

2　起業しても本当にやっていけるのか

●起業して10年後まで生き残れる確率は？

私のところに相談に来る方の大半が、家族や知人に起業を反対されています。周囲の人からこんなことを言われるようです。若い人の場合は、「まだ働き口はなんぼでもあるだろう。起業して失敗したら借金が残るだけだぞ」と。年配者の場合は、「もし失敗したら、もうやり直しはきかないよ。家族にも迷惑をかけるし…」と。

いずれにしても世間では、起業＝失敗というイメージが強いようですが、本当にそんなにリスクが高いのでしょうか。やや古い資料になりますが、中小企業白書（２００５年版）によると、起業後の生存率が次のように出ています。

・１年後の生存率……72％（廃業率は28％）
・３年後の生存率……50％（廃業率は50％）
・５年後の生存率……40％（廃業率は60％）
・10年後の生存率……26％（廃業率は74％）

この数字は、すべての世代を対象にしたものであり、シニアの起業に限定したものではありません。それにしても現実は厳しいですね。３年後には半分、10年後には４人に１人くらいしか生き残れないのですから…。

●生き残った起業家の売上や採算は？

日本政策金融公庫総合研究所が、起業のための融資をした起業家を対象に、54歳以下と55歳以上に分けて、売上や採算について調査しました（２０１５年度新規開業実態調査。図表５〜７参照）。これを見ると、55歳以上の起業家の現状はかなり厳しい結果となっています。

月商１００万円未満が、54歳以下では29・９％に対して、55歳以上は37・６％となっており、仮に月商が１００万円としても経費を引いて手元に残るのは30万円を切っているケースが多いでしょう。

【図表５　現在の月商】

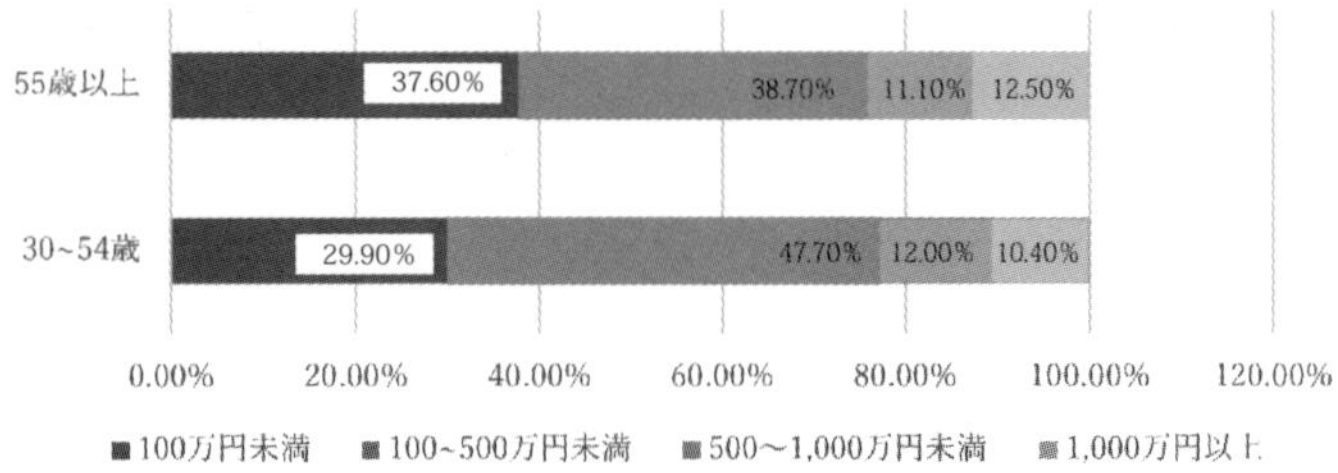

【図表６　予想月商達成率】

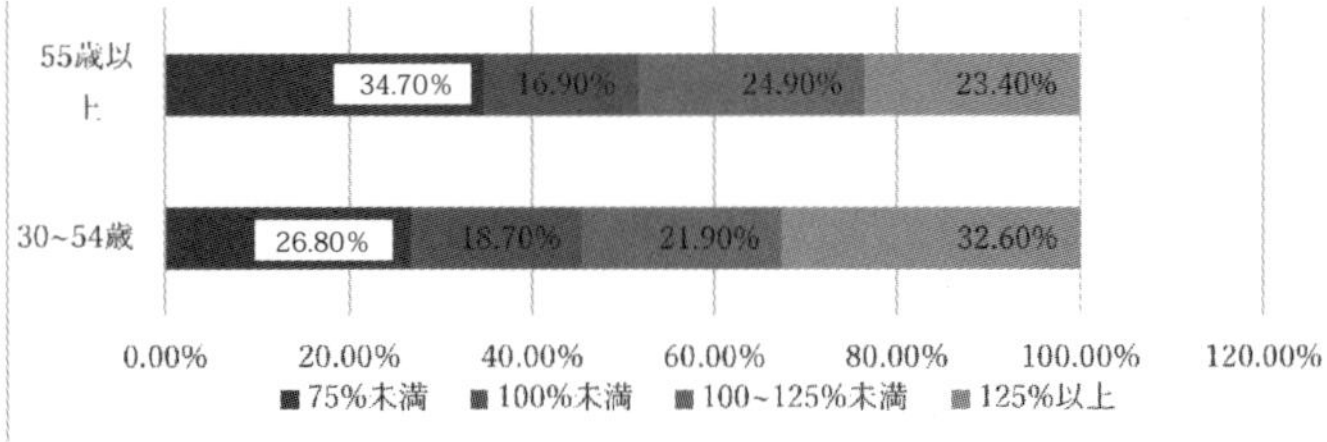

【図表７　現在の採算状況】

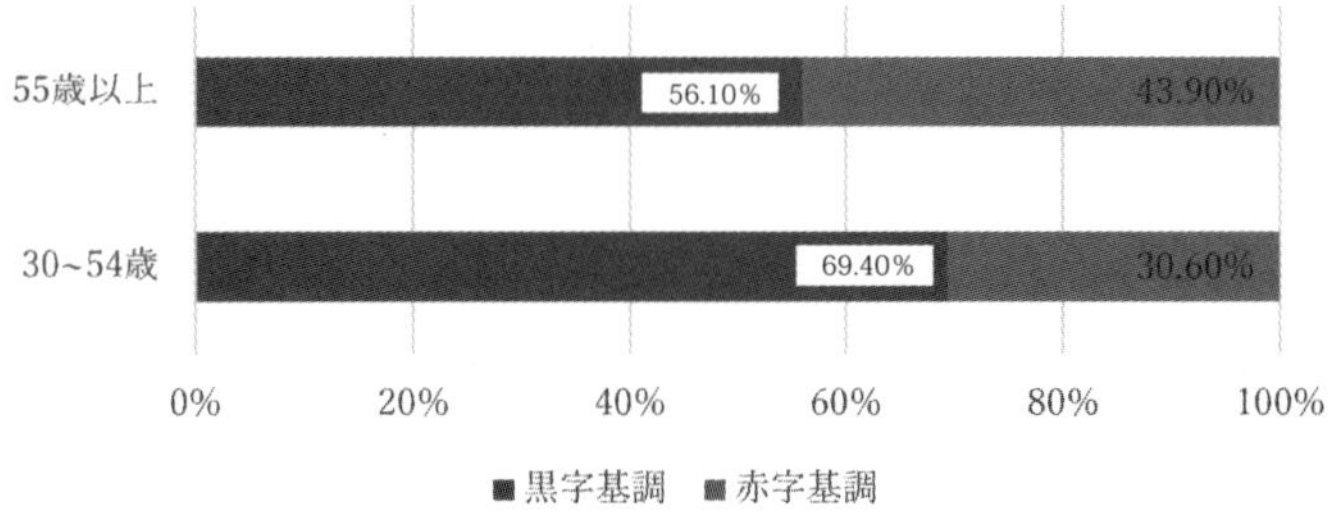

予想月商達成率を見ても、１００％を超えたのは54歳以下では54・5％と半分を超えていますが、55歳以上では48・３％と半分に達していません。

採算状況を見ると、54歳以下は約７割が黒字基調に対して、55歳以上では６割弱となっています。

黒字になるまでの期間を見ると、54歳以下は半年以内に56・３％が黒字になっているのに対して、55歳以上では46・４％となっています。

3　シニアの起業の落とし穴とは

●シニアの起業には５つの落とし穴がある！

起業の厳しい現実の数字を見ていただきましたが、シニアの起業には次のようなメリットもあります。

・十分な人生経験とビジネス経験がある。
・知人・友人のネットワークが広い。
・退職金など、ある程度の資金力がある。

しかし、このメリットが裏目に出る場合もあり、起業という草原に空いている落とし穴に入り込んでしまうこともあります。気をつけなければならないのは、次のようなシニアならではの落とし穴です。

・第1の穴：長年の会社員としての意識と感覚
・第2の穴：資金に対する甘い見込み
・第3の穴：今までの自分の仕事に対する過信
・第4の穴："売ること"への心理的な抵抗感
・第5の穴：自分の体力に対する過信

それでは、これから1つずつ見ていき、落ちないようにするにはどうしたらいいのかを考えていきましょう。

●第1の穴：長年の会社員としての意識や感覚

今までは、会社の看板を背負って、肩書が書かれている名刺を差し出して仕事をしてきました。名詞を渡された人は、名前よりも先に会社名や肩書に目が行っていたかも知れません。これからは、看板も肩書もありません。自分という生身の人間が前面に出て仕事をしなければなりません。コピーを取ったり、郵便物を出したりということも、全部自分で…ということになります。

さらに、最終的な意思決定は自分で行い、その責任はすべて自分にかかってきます。

起業家とは孤独な存在だという覚悟が必要です。だからこそ、親身になって相談できる人をつくっておくことが大切です。

長年同じ会社にいると、知らず知らずのうちに、その会社の仕事のやり方や社風に染まっています。私は、化粧品会社からマーケティングの企画会社に転職したとき、このことを痛感しました。販売している商品や企業規模はもちろん、社員の意識や感覚も違います。だから、最初はとても戸惑いました。

今まで当たり前だと思っていたことが、その会社を離れると当たり前ではないことがしばしばあります。同じ会社に長くいて染まってしまったその会社の考え方や価値観、これが世間の常識とズレている症状、私はこれを〝組織病〟と呼んでいます。このことに気づかずに起業すると、思わぬ失敗につながることがあります。

これを防ぐには、現役時代から違う会社や違う業種の人たちと付き合うこと、起業の準備をしているならば、起業を目指している人たちと付き合うことが大切になります。

●第２の穴：資金に対する甘い見込み

シニアの場合、今までの蓄えや退職金などがあり、若い人に比べて起業のための資金に恵まれているケースが多いようです。しかし、資金があるからといっても、それで痛い目に遭う人もいます。

退職後に起業したある人のケースです。退職金は、老後の生活もあるので、そのためのお金は取っておき、残りを起業のために使うことにしました。しかし、事業をスタートさせたけれども、売上が思うように上がらない。そのために運転資金が不足してしまった。背に腹は代えられず、老後のために取っておいた退職金についい手をつけてしまいました。

でも、売上は好転しません。使えるのは老後のための資金しかない。こんなことを繰り返しているうちに、退職金は底をついてしまい、老後の生活に窮することになってしまいました。

少ない資金しかない場合は、どうしたらあまりお金をかけずに起業できるか、真剣に考えます。資金に余裕があるとどんな気持ちになるのか、実際にこんな人に出会ったことがあります。「だって、事務所くらいないとカッコがつかないでしょう…」と言うのです。確かに、事務所がないよりあったほうがいいでしょう。でも、事務所を借りるとなると、毎月家賃が出ていきます。自宅の一部を事務所代わりに使えば、この費用は払う必要はありません。資金に余裕があると、見栄を張りたくなるのかも知れません。

商品やサービスの提供でも、宅配や出張サービスにするならば、お店は必ずしも必要ありません。セミナーをやるならば、オンラインを利用することによって会場費を節約することもできます。

経費を抑えるためには、売上に関係なく毎月出ていく固定費は可能な限り変動費にしていくことが求められます。「事務員が1人くらいいないとカッコがつかない」などと見栄を張っていると、後で痛い目に遭わないとも限りません。チラシのデザイン・印刷などをとってみても、ネット上のサービスを利用すれば安く抑えることが可能です。

●第3の穴：今までの自分の仕事に対する過信

長い間同じ会社で仕事をしていると、自分の仕事のやり方に固執してしまいがちです。しかし、これから起業しようとしている小規模な事業ほど柔軟性や臨機応変な対応が必要です。会社員時代の仕事のやり方に固執していると、これができにくいのです。この切替えがうまくできずに失敗してきた人を多く見て来ました。

現役時代のスキルやノウハウが通用しない場合もあります。とくにネットが発達している今日は、日進月歩で変化しています。私は、かつてマーケティング企画会社に勤務していたので、マーケティングには自信を持っていましたが、その当時のノウハウだけに頼っていたら時代遅れです。

新しい情報が次々と登場し、スキルやノウハウもどんどん新しくなっています。それに伴って、人々の意識や感覚も変化していきます。起業して事業を行っていくには、それに対応していくことが求められます。

しかし、こんなことを言う人がいます。「自分はシニアを対象とした仕事をするのだ。自分も同じシニアだからそんな心配はいらない」と。今の時代、シニアと言っても、意識や感覚が違う様々なシニアがいます。世代にかかわらず、時代の変化に大きく影響されているのです。同世代だから同じ意識や感覚とは言えないのです。この面でも自分を過信することは禁物です。

一方、古い意識や昔からの感覚がすべてよくないわけではありません。逆に、それが新鮮な場合もあるのです。私は、地域活性化活動の一環として各地で朝市やマルシェを実施しています。クリック1つで何でも買えて、しかも自宅まで届けてくれる時代、それなのに朝市やマルシェをやると大勢の人が集まってくるのです。そこには面と向かってのコミュニケーションがあり、人と人との交流があるからです。便利さや効率一辺倒の時代だからこそ見直されている交流や触合い、何でも新しいものがよいわけではありません。

●第4の穴：〝売ること〟への心理的な抵抗感

営業畑の仕事をやっていた人なら別ですが、総務や経理、企画や宣伝、商品開発や製造の仕事をやってきた人にとって、〝売ること〟自体に心理的な抵抗感がある人が多いと思います。実は、かつての私が〝売ること〟にメンタルブロックがあったのです。しかし、売らなければ事業は成り立ちません。

私は、化粧品会社に入社して主に企画や教育の仕事をやっていましたが、入社して10年目に訪問セールスの実習を2年間やりました。いきなり「ごめんください」と言ってお宅に訪問すること自体が、相手に対して迷惑ではないか、しかも、高い化粧品を売りつけるなんてとんでもない、こんな私に商品が売れるはずはありません。〝売ること〟に対して強烈なメンタルブロックがかかっていたのです。

そんな私に転機がやってきました。玄米を原料にしたサプリメントが新発売され、この商品はけっこう売ることができました。以前から健康食品には興味があり、玄米は身体にとてもよいと信じていたので、これを売ることには抵抗がなかったのです。「売ること＝相手の都合を考えないこと」ではなく、「売ること＝相手の役に立つこと」に転換すること、つまり仕事の意義を明確に意識できるようになって、メンタルブロックをはずすことができたのです。

もう1つのメンタルブロックは、「断られる＝人格の否定」と考えていたことです。そのため、玄関のチャイムを押して留守だとわかると、ホッとしたことも度々でした。留守ならば商品が売れるわけがありませんが、ホッとしたのは、自分の人格が否定されずに済んだという思いからです。

断られたのは、自分ではなく商品なのです。でも、商品を販売しようとした自分が否定されたと思ってしまうのです。これに対しても、人格を否定されたのではなく、商品や自分について知ってもらう機会が与えられなかっただけと考えることで、ようやくメンタルブロックをはずすことができました。

●第５の穴：自分の体力に対する過信

こんな人が相談に来ました。フランチャイズに入って唐揚げの店を始めるというのです。年齢は60歳近く。小さな店を借りて、唐揚げを揚げるのも販売するのも1人でやるという話です。元気そうな方でしたが、店は1～2年でやめるわけでなく、少なくとも5～6年は続けるでしょう。その時には60代半ばになりますが、1日中立ちっ放しで唐揚げを揚げて接客もこなす、本当に大丈夫でしょうか。

第1章で、私たちの大脳は、年齢とともに衰えることはない、大脳の潜在能力は発達していくという研究結果を確認してきました。しかし、身体のほうはそういきません。年齢とともに衰えてきます。私たちは、現在の自分の体力の状態で物事を考えがちです。ところが、起業したら仕事は5年や10年は続けるでしょう。場合によったら20年以上になるかも知れません。その時の自分の体力がどうなっているのか、これを前提にして起業を考えることが必要です。

それからもう1つ、自分の代わりはいないということです。会社員時代ならば、体調を崩せば会社に連絡して指示しておけば、自分の代わりにやってくれる人がいたでしょう。しかし、1人で起業したら、そうはいきません。スーパーマンではない限り、体調を崩すこともあります。急な葬儀など休まなければならないときもあります。そんなときにはどうするか、あらかじめ考えておくことが求められます。

せっかく起業しても10年後まで生き残れるのは3割弱、残りは廃業してしまうというのが現実です。シニアの起業にはこんな落とし穴があることを、事前に知っているのといないのとでは大きな違いが出てきます。

5つの落とし穴について、いつも頭の中に置きながら起業の準備を行ってください。

4 起業に向けて踏み出すためには?

●なぜ、起業に向けて1歩踏み出すことができないのか

ほとんどの人にとって起業は初めての経験です。だから不安も大きいのです。起業すると決めて

相談に来る人でも、次のような不安を口にしています。

・起業しても生活できるだろうか
・失敗したら、元も子もなくなってしまうかも…
・本当にこの仕事で起業することが、自分に合っているだろうか
・何から手をつけていいのか、全くわからない

50代・60代の起業は非常に増えていますが、起業したいけど1歩が踏み出せない人はその何倍もいることでしょう。起業に対する不安が大きいからです。そこには人間の本質的な面が隠されているのです。

遠い私たちの祖先が狩猟で生活をしていた頃、いつどんな動物に襲われるかわからないという危険がいっぱいでした。

いつも行動している場所ならば、どこにどんな危険があるかわかりますが、未知の場所はそれがわかりません。だから、私たちには新しい環境に身を置くことを避けるという本能があると言われています。

今まで通い慣れた会社で仕事をしていた人が、会社を離れて起業すること、これはまさに新しい環境に身を置くことに他なりません。不安な気持ちになるのは当たり前のことです。家族にとっても同じです。会社から帰ってきた夫から、いきなり「会社を辞めて庭師になる」と言われた奥さんの目が点になるのは当然です。

●〝ピュリダンのロバ〟になってしまったら餓死してしまう

次にご紹介するのは、14世紀のフランスの哲学者ピュリダンが述べた〝ピュリダンのロバ〟という話です。

『腹をすかせたロバがいた。エサはないかと、あちこち歩いて干し草の山を見つけた。しかも二つも見つけたのである。二つの干し草の山は、どちらも同じほど旨そうに見え、量も差がなさそうに見えた。さて、どちらの干し草を食べようか？　ロバは迷ってしまった。右に2、3歩歩いてみたが、左のほうがよさそうに見える。何度も右に行き、また左に戻る。行きつ戻りつしているうちに、きっとロバは餓死してしまうに違いない』。

人生は、右に行くか、左に行くか、選択の連続です。とくに起業する場合は、どちらを選択するかによって、結果が大きく違ってきます。だからこそ、〝ピュリダンのロバ〟のように右か左か思い悩んで、なかなか決断ができません。1歩前に進むことができずに時間だけが過ぎていきます。

●成功者の持つ秘密の力、それが「グリット（GRIT）」

危険がいっぱい、不安がいっぱい、そんな新天地に飛び出して行って起業する、そのモチベーションやエネルギーはどこから湧いてくるのでしょうか。そのキーワードが「グリット（GRIT）」です。

この考え方を広めたのがペンシルバニア大学のアンジェラ・ダックワース教授であり、成功者の持つ秘密の力がこの「グリット」だと言うのです。

義務感による勤勉さや根気は、「グリット」とは違うとダックワース教授は考えています。長期間1つのことに打ち込み、情熱を傾けられるだけの「興味」を持っているかどうか、一時的に夢中になることと、情熱を持ち続けることとは違う、永続的に「興味」を持ち続けることが「グリット」につながると言うのです。

次にカギになるのが、高い目的意識。自分の目的意識に社会的意義があると思えば、逆境を打破することができる。さらに目的に向かって創造性を発揮するには、絶えずそのことを考え続けるくらい好きでなければダメだと言うのです。

●1歩踏み出す原動力は本当に「やりたいこと」と「ミッション」

「興味＝好き」と「高い目的意識＝社会的意義」、この2つが大事だという「グリット」の考え方。これこそ、シニアの起業の必要な、本当に「やりたいこと」と「ミッション」であり、不安がいっぱいの起業という新天地に1歩を踏み出す原動力だと言うことができます。

でも、本当に「やりたいこと」が明確になっていない、「ミッション」なんて大袈裟なことは考えていない、起業相談ではこんな人が多いのです。では、どうしたらいいのか。

本当に「やりたいこと」、それは「あれをやったらワクワクするだろうな」と思えることです。

そして、「その仕事でこんな人に喜んでもらいたい、社会の役に立ちたい」、これが「ミッション」です。これをはっきりさせるためには、自分の「ワクワクの源泉」がどこにあるかを見極めることが必要です。これについては、第4章で詳しくご紹介していきます。

新しいことに取り組むときは、「できるか、できないか」で決めるのではなく、「やりたいかどうか」、「ワクワクするかどうか」で決める、これが起業を成功させる大きなポイントなのです。

●〝恐れ〟と〝愛〟のどちらで起業を考えているのだろうか

私の知合いのある米屋さんの話です。毎晩寝る前に「明日はこんなことでお客様に喜んでもらおう！　と考えると、早く明日にならないかとワクワクする」と言っていました。近くに大きなスーパーがあっても大繁盛しています。売れない店に限って、「大型店やネット販売に客を取られてしまって、自分の店はどうなるのだろう」と心配ばかりしています。

「○○が起きて欲しくないから」とか、「○○が起きると大変だから」と〝恐れ〟で考えて行動するのか、「相手によくしてあげたい」とか、「相手に喜んでもらいたい」と、あくまでも相手を中心に考える〝愛〟で行動するのかで結果は大きく変わってきます。

〝愛〟による行動は、「お客さまの立場から考える」というマーケティングの基本に基づいており、「楽しく仕事をする」という成功心理にも合致しています。〝不安や恐れ〟ではなく、〝愛〟という視点から考えることが起業の原動力になります。

第3章　ライフワークでワクワクする第2の人生を！

自分が本当に「やりたいこと」を仕事にすること！
仕事を通して人に喜ばれ、社会の役に立つこと！
シニアこそ目指すべきライフワーク起業、その理由は？

1　「食べること」だけが目的でいいのか

●「rice work」、「like work」、「life work」、この3つはどう違う？

私は、動機や目的によって、仕事を次の3つに分けて考えています。それぞれに厳密な定義があるわけではなく、いろいろな要素が絡み合っているので、単純に分類することはできません。しかし、このようにすると、わかりやすく整理できると思います。

・ライスワーク（rice work）：「rice」、つまり食べるため、生活のために必要な収入を得るために仕事をすること

・ライクワーク（like work）：「like」、つまり自分の好きなこと、やって楽しく面白いことを仕事にすること

・ライフワーク（life work）：「life」、つまり心からワクワクできる自分の使命やミッションに基づいた仕事をすること

●すべての仕事はライスワーク（rice work）

私は、仕事柄、毎日のようにあちこちの商店街を歩き回っています。時折、親しい店主に、「オヤジさん、何のために商売やっているの？」と聞くと、「商売やって稼がなきゃ、女房と子供を食

わせられないからやってるんだよ。そんなこと当たり前だろう、何でそんなことを聞くんだよ？」という答えが返ってきます。

毎朝、満員電車に揺られ、上司と部下の狭間に立ち、クライアントからの無理な要求や接待にも〝顔で笑って心で泣いて〟対応し、「あの件はどうなっている？」、「今月の目標は達成するだろうな？」とハッパをかけられる。思えばガマン、ガマンの毎日の連続かも知れません。でも、ガマンがイヤだからと会社を辞めてしまったら、家族の生活はどうなってしまうのか。やっぱり家族に対する責任から仕事を続けざるを得ません。

私たちは、仕事をして収入を得ており、これが生活の糧になっています。こういう点から考えれば、すべての仕事は食べるため、つまりライスワークなのです。

商店街のオヤジさんも会社員も、「家族のために頑張っており、これは大変尊いことです。生活のためにガマンしなければと思いつつ、家族のために働くことに生きがいを感じてもいることでしょう。

ただ、生活のための糧を得るためだからといっても、やりたいことがあるにもかかわらず、生活のためだけで一生終わってしまうのは寂しいことではないでしょうか。

とくに、もうすぐ定年、あるいは定年を過ぎて第2の人生に入ったシニアにとって、自分のこれからの人生を充実させるためには、ただ食べるだけでない仕事は何か、じっくり考える必要があると思います。

りませんか。

●ライクワーク（like work）で生活ができればいいけれど…

次はライクワークです。好きなことを仕事にして収入が得られれば、こんないいことはないですね。だからと、最近は好きなことで起業する人が増えています。でも、こんな話を聞いたことはありませんか。

ソバが大好きな人がいた。おいしいという評判の店があれば、あちこち食べ歩く。ソバ打ち教室に通って自分でつくるほどの熱の入れよう。やがて会社を定年となり、念願のソバ屋を開業した。ところが、1年経つか経たないうちにその店はなくなっていた。好きなことを仕事にして、うまくいかなかった例です。

仕事をすることによって収入を得ることができなければ、それは趣味かボランティアです。では、収入はどこから得られるのでしょうか。私たちが提供する商品やサービスに価値を認めたお客さまが支払ってくれる売上からです。

ソバが大好きなこと、これはいいのです。でも、この人の場合、こんなにおいしいソバだから、絶対お客さまも喜んでくれるはずだと、自分の〝思込み〟だけでお店を持ってしまったのかも知れません。これは起業が失敗する典型的なパターンの1つです。

ソバを食べたりつくったりすることは好きであっても、お店を経営することは好きだったでしょうか。お店の経営には、販売促進や接客、会計などいろいろなことが必要です。これができなければお店を継続させられないことは言うまでもありません。

ソバを食べたりつくったりすることが好きだからといって、ソバ屋というお店を持つことだけが選択肢ではありません。ソバづくりを教える教室を開く、おいしいソバづくりや魅力的なソバ屋になるためのコンサルタントになる、全国のソバ店巡りを雑誌やネットで情報発信するなど、いろいろな選択肢が考えられます。自分が好きなことで何ができるのか、様々な視点から考えることが必要です。

●シニアが目指すのはライフワーク（life work）による起業

ライフワークとは、自分のミッションや使命に基づいて、「私はこれをやり切った！」と思って生涯を終えることができるような仕事であり、生まれ変わってももう1度やりたい本当に好きなことです。自分の持っている可能性を最大限に活かしてお客さまに喜んでもらい、経済的にも豊かに生きる。こんなワクワクする第2の人生こそシニアが目指すべきではないでしょうか。

はじめにでご紹介したアメリカのジーン・コーエンは、50代・60代こそ「人生の意味を見つけたい」「新しい仕事を始めたい」「夢に挑戦してみたい」という気持ちが湧き上がってくる時期だと言っています。自分が「本当にやりたいこと」は何か、これが明確になっていれば起業に踏み出す第1歩になります。

哲学者のキルケゴールは、「私たちがこの世に生まれて来た目的は、使命を見つけて実践することです。使命の中に私たちの生まれ持った才能が隠されているのです」と言っています。

2　自分が本当に「やりたいこと」を突き詰めていく

●「やりたいこと」を名詞と動詞の2つの点から考える

ライフワークで起業するには、「やりたいこと」を「何を」という名詞と、「どうする」という動詞の2つの点から考える必要があります。

「何を」に相当するのが、「ソバ」「パン」「野球」「旅行」などの名詞です。「どうする」に相当するのが、「販売する」「(お店を)経営する」「教える」「書く」「コンサルティングする」「プロデュースする」などの動詞です。

ソバ屋を開業してうまくいかなかったケースを考えると、「ソバ」が好きでも、「販売する」ことや「(お店を)経営する」ことが「やりたい」ことでなかったらライフワークとは言えません。単にソバが好きで始めたソバ屋というライクワークだったのです。

建設会社の事務員として働いていた女性、以前から東洋の医学に興味があり、マッサージの仕事で起業したいと思っていました。しかし、彼女はマッサージサロンを持って、サロンを経営することは得意ではなく、あまり気が進みません。人とお話をすることが大好きでした。そこで始めたのが、マッサージの出張サービスです。

お客さまのお宅を訪問し、マッサージをしながら、あるいは終わったあとお茶をご馳走になりながら、お客さまといろいろなお話をする。これならば、固定費がかかるサロンの経営を心配する必要はありません。

「やりたいこと」の名詞はマッサージ、動詞は人とお話をすること、この2つがうまく結びついて、予約を取るのがむずかしいほど繁盛しています。

●喜んでいただいた笑顔こそ私が求めていたもの

50代半ばの女性の話です。若い頃から料理をつくることが大好きで、ゆくゆくは料理の仕事をしたいと思っていました。しかし、彼女が始めたのは、料理の店ではなく、高齢者への弁当の宅配の仕事です。彼女の母親が介護を必要としており、弁当の宅配を取っていました。ところがその弁当、毎日同じようなメニューで母親は飽きてしまうのか、食べ残すことが多かったのです。そこで彼女は考えました。

食べることは、栄養面だけでなく、高齢者にとっては大きな楽しみとなっている。それなのにこれでは…と、配達されてくる弁当を見る度に暗澹たる気持ちになりました。私と同じような気持ちになっている家庭も多いはず。そこで、毎日食べても飽きず、配達されてくるのを楽しみにしてもらえるような弁当を宅配しようと考えました。

まず最初に実施したことは、実際に弁当を食べていただく高齢者のモニターづくり。何度も食べていただき、「本当に美味しいわ、ありがとう」と笑顔でお礼を言われました。彼女は、「喜んでいただいたこの笑顔こそ私が求めていたもの」だと思い、「好きな料理の道で高齢者の役に立つ」ということをミッションにして仕事にすることにしたのです。

本当に「やりたいこと」を突き詰めていくと、そこにミッションや使命があり、そこにその人の才能が隠されています。このことがライフワークにつながるのです。ミッションや使命とは、仕事を通して人や社会に役に立つことです。その結果、喜んでいただく、これが仕事をやる醍醐味とも言えるでしょう。

●喜んでいただく人の表情を鮮明にイメージする

しかし、こんな人もいます。自分が売りたい商品やサービスは絶対このくらいは売れるはずという話ばかり、喜んでいただくお客さまのことはまるで眼中にない様子です。ミッションや使命よりも、考えることは売上のことばかり、このような考え方で起業する人の多くは失敗しています。

お客さまの喜びの表情を鮮明にイメージする。これはマーケティングの極めて重要なポイントです。個人ではなく会社がお客さまの場合も同じです。取引をしていただく担当者の喜びの表情をイメージするのです。喜んでいただく人の表情をイメージする場合、お客さまだけでなく、仕事がうまくいって喜ぶ自分の家族や応援してくれる人、仕入先の人なども思い浮かべるといいでしょう。

私たちが仕事をする場合、1人でできるわけではありません。多くの方々の協力や応援があってできるのです。ですから、そうした人たちに喜んでいただけるような仕事を目指していくことも必要です。とくに家族の喜ぶ姿は、モチベーションアップにもつながるでしょう。

3　ライフワークで得られる3つのものとは

●それは「生きがい」「社会貢献」「経済的な豊かさ」の３つ

収入を伴う仕事であれば、どんな仕事でもこの「生きがい」「社会貢献」「経済的な豊かさ」の3つを得ることはできるでしょう。しかし、仕事によっては、3つが偏ってしまう場合があります。

ライフワークは、3つのバランスが非常によいので、ワクワクしながら仕事をすることができ、充実した人生を送ることができます（図表8）。

【図表８　ライフワークで得られる３つのもの】

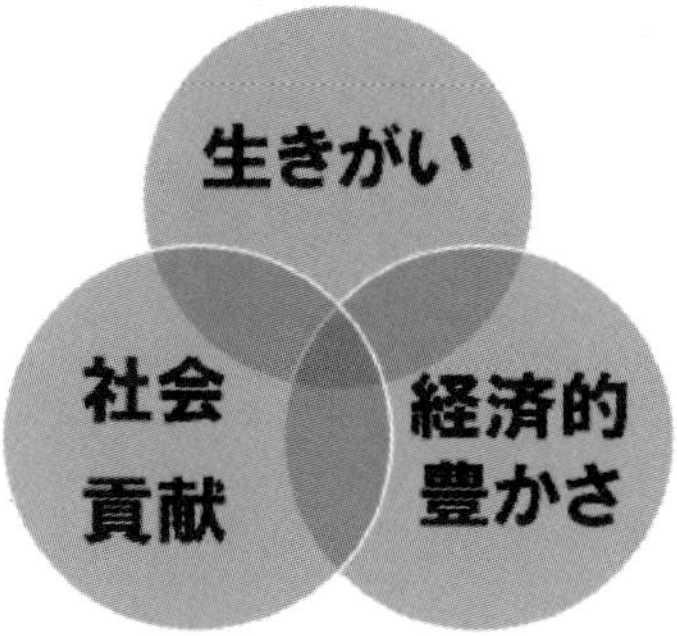

●ミッションとはどのような社会貢献をするのかを表現したもの

ライフワークで得られる3つのものの1番目は「社会貢献」です。何度も繰り返しますが、ライフワークとは、自分のミッションや使命に基づいて、「私はこれをやり切った」と思って生涯を終えることができるような仕事です。

ここでミッションについて考えてみましょう。こんな公式があることをご存知でしたか。

■夢＋自分のため＝野心

■夢＋相手のため＝ミッション

自分だけの夢を追求したもの、これは野心です。例えば、「起業を成功させて大きな家に住み、スポーツカーを買うんだ」というもの。これを誰かに言っても、人は「そう、頑張ってね」とは言うでしょうが、共感はしてはくれません。しかし、モチベーションを高めるためには、自分のための夢を持つことは効果的です。

ミッションとは、人の役に立ち喜ばれる夢です。例えば、先にご紹介した女性のように、独り暮らしの高齢者の安否確認を行いながら、地産地消の新鮮な材料を使用した弁当を宅配する事業を始めると知人に言えば、「私の知合いの農家を紹介しましょうか。あそこなら安く仕入れられるわよ」と、共感して協力してくれる人が現れる可能性があります。

しかし、ミッションさえあればうまくいくわけではありません。キチンとしたビジネスモデルの作成と、それに基づいた行動が前提になります。これについては、第6章と第7章で詳しくご紹介していきます。

●人に喜ばれることが生きがいの源泉

ライフワークで得られるものの2つ目は「生きがい」です。

化粧品会社のサラリーマンだった頃の話です。その会社では〝喜ばれることに喜びを〟ということをとても大事にしていました。この言葉を聞いても、その当時は「そんなものかな」と思っていましたが、年齢を重ねてくると、〝人間の本質〟を突いた言葉だと思うようになりました。

「商売やって稼がなきゃ、女房と子供を食わせられないだろう」と答えていた商店街のオヤジさん、そうは言いつつも、お客さまが喜んでくれることに無上の喜びを感じている人でした。このオヤジさんだけではありません。いろいろなお店の人に、「今まで商売をやっていて嬉しかったことは何ですか」と質問すると、大半の店主たちが「喜んでくれて、お客さまのほうから〝ありがとう〟と言われたとき」と答えるのです。

あるリタイアメント研究の調査によると、「あなたにとって、人生の意味や目的を感じさせてくれるものは何ですか」という質問に対して、ほとんどの人が「人の役に立つこと」と答えたということです。

人間は、もともと人のためになること、人に喜んでもらうことに悦びを感じるように創られているという説を唱えている人もいます。いろいろな人を見ていると、これは1つの説にとどまらず、真理のように思います。

このように考えると、誰にも共通する「やりたいこと」とは、人に喜ばれることではないかと思います。したがって、「やりたいこと」で起業を考えるならば、個々の「やりたいこと」を通して、人の役に立つにはどうしたらいいのかということを考えていくことが必要でしょう。

●喜んでいただいた、役に立った対価が売上

ライフワーク起業で得られる3つ目のものは「経済的豊かさ」です。ガランとして客は誰もいない居酒屋の店内、やることがないので店内に設置してあるテレビを見ているけれど、番組の内容なんて全然頭に入って来ない。このままお客さまが来なかったらどうしよう、今月の支払いはどうしよう、考えることはこんなことばかり。

お客さまが誰も来ない、きょうも売上が上がらない、商売をやっていてこんなに心が重くなることはありません。

幸せな起業とは、十分な収入があることだということは言うまでもありません。

売上とは、お客さまに喜んでいただいた、役に立った対価としていただくものです。お客さまが来なくて売上がゼロだったら、どうしたら喜んでもらえるか、どうしたらそのことを知ってもらえるかを徹底的に考えることが必要なのです。お客さまが来なくて焦る気持ちはわかりますが、焦るだけでは何の解決にもならないのです。

ライフワークとは、「夢＋相手のこと＝ミッション」を明確にした経営です。この原点に立って「相手のこと」を考えれば、売上につながります。それが経済的な豊かさをもたらします。

●利益追求はビジネス継続のための手段

ビジネスにおける利益追求と顧客満足、どちらを重視すべきでしょうか。公共機関や公共団体で

【図表９　利益追求はビジネス継続のための手段】

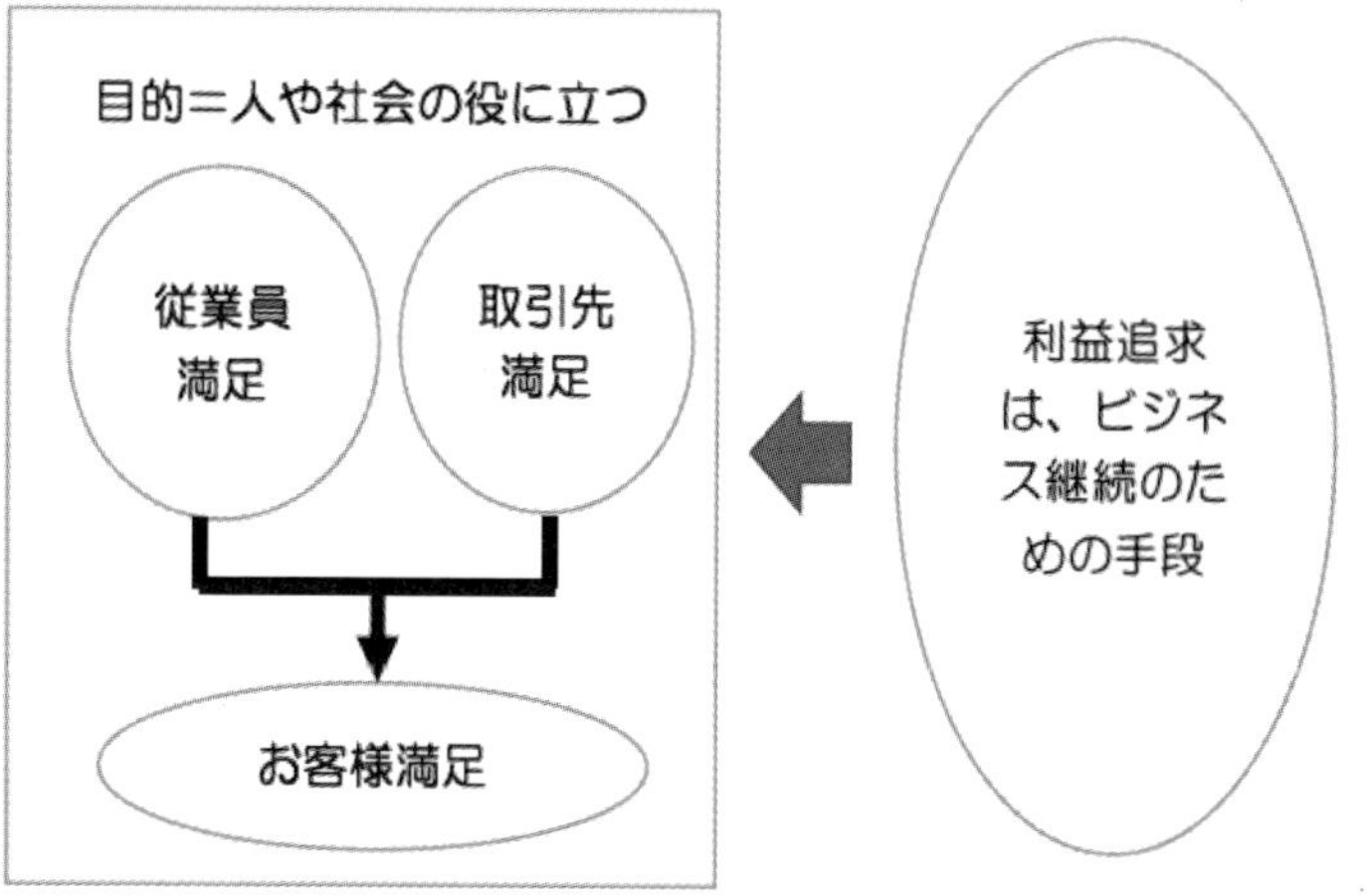

はないから、利益追求を重視しなければならない、いや顧客満足こそ大事だ、様々な意見があります。

利益がなければ、商品の仕入も、家賃も従業員の人件費も払えない。だから、商売を継続させるためには利益は必要不可欠のものです。

では、利益追求が商売やビジネスの目的なのでしょうか。

私たちは、呼吸しなければ生きていくことはできません。では、呼吸することが生きている目的でしょうか。呼吸は目的ではなく、生きていくために必要な手段ですね。

利益もそれと同じように考えればいいと思います。利益追求は商売継続のための手段、目的はお客さまに満足していただくこと、利益とはお客さまの喜びがお金に転換されたもの、だから利益より先にお客さまの喜びがある、これがライフワークの基本的な考え方です（図表９）。

しかし、利益を上げることや儲けることに罪悪感を抱いてはいけません。松下幸之助は、「企業は社会的責任として利益を上げなければならない」と言っています。起業して事業が継続できなくなること、こんなに辛いことはありません。追求の対象として売上や利益があるのではなく、継続するための管理の対象としてあるのです。

4 ワクワクする人生はライフワーク起業から！

●「好きなこと」「やりたいこと」をやれば脳全体が活性化！

医学博士ポール・マクリーンの「三位一体脳モデル」によると、人間の脳の中には、爬虫類脳（脳幹、視床下部）、哺乳類脳（大脳辺縁系）、人間脳（大脳皮質）という3種類の脳があるというのです。

爬虫類脳は、「生きていくための脳」であり、心拍、呼吸、体温、血圧という生命機能を司っています。哺乳類脳は、「感じるための脳」であり、種の保存のための本能的な情動、快・不快の判断を司っています。人間脳は、「考えるための脳」であり、論理・学習・言語や創造的思考など、知性・知能を司っています。

哺乳類脳は、人間脳から「この問題を解決せよ」と命令が来ると、それが「好きか・嫌いか」を見極めます。「好き」と判断した場合は、爬虫類脳に近接している「欲の脳」（側座核）から「やる気ホルモン（ＴＲＨ放出ホルモン）」が放出されます。「やる気ホルモン」は、脳の様々な部分に働きかけて、脳全体を活性化させます。とくに人間脳、中でも行動計画の立案・実行を判断する前頭連合野を刺激します。

その結果、人間脳の内部では、火花と火花が飛び散るようにニューロンとニューロンが結合します。そうすると、想像と連想が絶え間なく広がり、新たな気づきを生んでいきます。新しいアイデアを生み出すには、脳がこのような状態になることが望ましいということです。

つまり、哺乳類脳の「好き・嫌い」の見極めが、「やる気ホルモン」を放出し、行動に向けて猛烈にドライブをかけるので、「好きなこと」「やりたいこと」を仕事にすること、「ワクワクすること」を考えること、これによって集中力が高まり、いい結果につながるというわけです。

●ワクワクすると脳が「フロー状態」になる！

ワクワクすることをしていると、そのことに没頭します。没頭している状態を「フロー状態」と言います。その昔、巨人の川上哲治が打席に立つとピッチャーが投げたボールが止まって見えたと言います。これは「フロー状態」に入っていたからでしょう。

テニスの錦織圭の試合を見ていた解説の松岡修造氏が、「圭はスーパーゾーンに入っていた」と言っていました。そのゾーンに入ると、身体が自然に動いて神業的なプレイができるというのです。「スーパーゾーン」とは、心身ともに没頭している「フロー状態」を指しているのでしょう。

これは、川上哲治や錦織圭だけに起こることではありません。私たちも時間が経つのも忘れるくらい何かに熱中していることがあります。このときは「フロー状態」に入っているでしょう。長い時間熱中していても疲れることはありませんね。ライフワークも同じです。熱中しているので疲れを感じず、終わったあとに達成感に浸ることができるのです。

「やりたいこと」「好きなこと」「ワクワクすること」をやっていると、脳が「フロー状態」になる。こうなると、やることなすこと、すべてがよい方向に向いていきます。

オリンピック選手のある有名なコーチによると、設定した目標が実現しない理由の9割以上は、立てた目標が本人の本当にやりたいことではないからだということです。スポーツの目標達成の場合も、本人のやりたいことであることが、極めて大きな要素になっており、これも脳の「フロー状態」と関係があるのかも知れません。

●ライフワークで起業するメリットは…

ライフワーク起業は、「これぞ自分の仕事だ!」と覚悟を決めて取り組むこと、「好きなこと」「やりたいこと」を仕事のテーマにしていること、人に喜ばれ社会の役に立つことをミッションにした仕事であることなどにより、次のようなメリットがあり、起業の成功につながりやすいのです。

・「これこそが、これからの自分の人生を賭けた仕事だ!」という気持ちのもとに、覚悟を決めて取り組むので、自信を持って仕事を進めることができる。

・「好きなこと」「やりたいこと」をベースにしているので、脳から「やる気ホルモン」が放出され、集中力が高まっていい結果につながる。

・ワクワクしながら仕事をするので、心が「フロー状態」に入りやすくなり、すべてがよいほうに向いていく。

・周囲の人に自分の夢やミッションを語ることによって、理解を得られるだけでなく、協力者を得やすくなる。

・自分の中にある才能を活かすことができ、新しいアイデアが生まれてくる。

・毎日が楽しくなり、常に前向きに考えることができるので、エネルギッシュに仕事ができる。

ライフワークで起業することは、社会の役に立つだけでなく、最大限に自分を活かし、自分が人生の主人公となって自分自身を生きることにつながるのです。

●いつまでも〝自分探し〟にこだわらない

「これぞ自分の仕事だ！」と思えるテーマで起業するライフワーク起業のメリットはわかった。でも、本当にそんなテーマが見つかるのか？　そんな疑問を持つ方、あるいはそこまで自信を持てるテーマが見つからなかった方もいます。

「バタフライ効果」という心理プロセスがあります。最初の15％に集中すれば、残りの85％は何の努力もなしについてくるという効果です。もともとは、チョウがはばたく程度の小さな攪乱でも、その後の状態が大きく異なってしまうという現象のことを言っています。つまり、思い切って手をつけてしまえば、そのうちにそのことに集中できる効果が「バタフライ効果」と呼ばれています。ライフワークと言えるようなテーマを完全に見極めるまで行動しないのではなく、ある程度納得できたなら、それをもとに果たすべきミッションを考えてください。それによって喜んでいる人の姿や自分が満足している姿を想像してみてください。

ライフワーク起業にとって重要なことは2つあります。1つ目は、自分が〝本当にやりたいテーマ〟かどうかです。2つ目は、その仕事を通して〝他人への愛〟を表現できるかどうかです。

その仕事によって他人が喜び、それが自分の喜びにつながるならば、2つ目の条件はクリアしていると言えるでしょう。そうであるならば、1つ目の条件が完全だとは思えなくても、ライフワーク起業のテーマと考えてもいいと思います。

ぐずぐずしている自分を卒業し、何はともあれ、まずは手をつけてみる、やっているうちに気がついてみたら時間を忘れてそのことに没頭していたということになっているかも知れません。これが「バタフライ効果」です。

自分が完全に納得するまで行動しないのではなく、小さくてもいいから羽ばたいてみる、やっているうちに自然に情熱が湧き上がっている、このことが重要なのです。行動しなければ現実は1ミリも動きません。行動することによって、自分も変わってきます。周囲も変わってきます。行動することによって見える景色が変わってきます。そうなれば、変わった現実や景色をもとにした次の新しい行動へと動き出していきます。

第4章　本当に「やりたいこと」を見つけ夢を現実にしていく「CoBA メソッド」

自分が本当に「やりたいこと」って何だろう？
それを見極めて起業成功の指定席を目指す
「CoBA メソッド」の３つのステップとは？

1 起業成功の指定席となる4つの円の中心とは

●4つの円とは「情熱」「能力」「ニーズ」「組合せ」

10年後まで生き残ることができるのは3割弱という起業の現実。生き残って成功する指定席は、「情熱」「能力」「ニーズ」「組合せ」という4つの円が重なり合った中心にあります。どれか1つが欠けていても指定席にはなりません。

さらに、これを支えるきわめて重要な2つの要素が必要です。2つの要素とは、「自分のコア」と「仕事を通して果たすミッション」です。この2つがあってこそ、4つの円を自分のものとして引き寄せることができ、単なる成功の指定席ではなく、ワクワクする第2の人生のためのライフワーク起業成功の指定席になるのです（図表10参照）。

「自分のコア」とは、持って生まれた自分の本質であり、自分の根っこです。自分がこの世に生まれてきた目的です。

【図表10　起業成功の指定席となる4つの円と2つの要素】

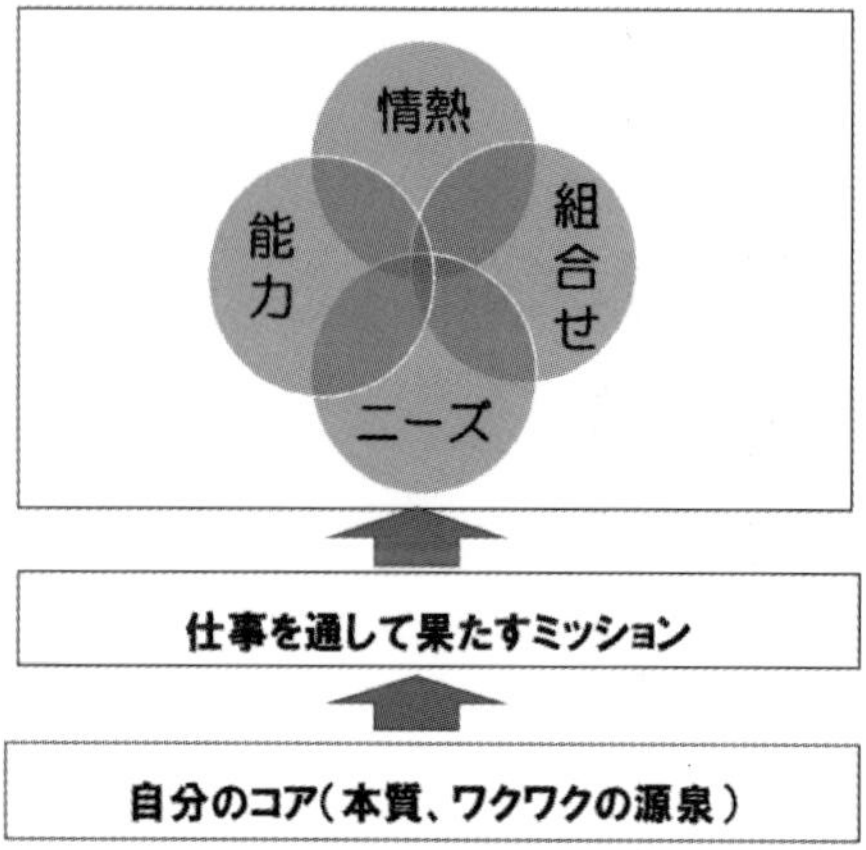

このように書くと大袈裟に聞こえますが、自分の本当に「やりたいこと」と考えればいいのです。自分が本当に「好きなこと」「やりたいこと」、これが私たちの行動のエネルギーにつながります。そして、「好きなこと」「やりたいこと」を通して、「誰」のために「何」を実現しようとするのか、人々や社会にどのように貢献していくのか、これが「ミッション」です。

「自分のコア」、つまり本当に「やりたいこと」だから、情熱を持って取り組むことができます。必要な能力（知識・技術・ノウハウ）を習得しようというモチベーションになります。社会のニーズに応えていくことが「ミッション」につながります。このように、「自分のコア」と「ミッション」が、起業成功の指定席の４つの円を下から支えていくのです。まずは、４つの円からご紹介していきます。

●自然に湧き上がってくる情熱こそ…

起業成功の４つの円の中の最初の円が「情熱」です。

「もっと仕事に情熱を持って取り組め！」、若い頃、先輩によく言われた言葉です。その場では「はい、わかりました！」と答えても、「そんなこと言われても、情熱なんて持てねーもんなぁ～」と心の中では言い訳に終始していました。

頭では、情熱を持って取り組むべきだとわかっていても心がついていかない、それは、その仕事の目的ややるべき意味をしっかり理解していなかったからだと思います。

このことは、かつての私だけではないようです。ギャラップ社の世界各国の企業の従業員エンゲージメント（仕事への熱意度）調査によると、日本は「熱意あふれる社員」の割合が6％しかなく、調査した139か国中132位、しかも「やる気のない社員」は70％に達しているとのことです。

起業がうまくいっている人は、情熱を持って仕事に取り組んだというよりも、仕事をやっていて気がついたら時間を忘れていた、つまり仕事をしていると自然に情熱が湧き上がってくるという人が多いように感じます。これこそ、本物の情熱だと思います。自分の「やりたいこと」を通して人や社会の役に立つ仕事こそ情熱の源泉と言えるでしょう。

●新しい分野の能力の習得には1000時間が必要！

起業成功のための2番目の円は「能力」です。

今まで自分がやってきた仕事を活かしたほうが成功しやすい。起業についてよく言われる言葉です。確かに、自分が経験してきたことや得意なことで起業したほうがうまくいきやすいでしょう。でも、そのことが自分の「好きなこと」や「やりたいこと」でなかった場合はどうでしょう。新しい分野で起業することになり、そのための能力、つまり知識・技術・ノウハウを習得しなければなりません。

その分野の専門家と組むという方法も考えられますが、自分で勉強する場合にはどのくらいの時間が必要でしょうか。ズバリ1000時間だと言われています。

・1日に12時間投入すれば3～4か月。
・1日に6時間投入すれば6～7カか月。
・1日に3時間投入すれば1年3～4か月です。

1か月に25日間勉強すると仮定すると、このくらいの期間が必要になります。これを1つの目安にして、起業の準備を考えてみてください。ただし、第1章でご紹介した藤田さんのように、美容師の国家資格を取得するとなると、この時間では足りません。でも、やり方次第で50歳からでも不可能なことではありません。

●「相手に伝える」「販売する」、そのための知識やノウハウも！

起業してビジネスをやっていくには、「商品をつくる」「相手に伝える」「販売する」、最低限この3つが必要です。ところが、自分の商品をどんな手段でどのように伝えていくのか、どんな販路でどのように販売するかについて具体的に考えている人は意外に少ないのです。

商品があっても、その価値を「相手に伝える」、お客さまに「販売する」ことによって代金をいただく、これがなければビジネスは成り立ちません。起業家には、このための知識やノウハウが必須になります。

●社会のニーズは起業の前提であり条件！

起業成功のための3つ目の円は「ニーズ」です。

日本一のマーケッターと言われている神田昌典さん、彼は、「社会のニーズがないところで事業を行うのは、下りのエスカレーターを登って上の階に行こうとするようなものだ」と言っています。

ところが、社会のニーズよりも自分のアイデアにしか目が行っていない人が多いのです。「こんな商品を開発しました。この商品は…」と、商品について得々と説明するのですが、「果して、そんな機能を使う人っているのかな？」と思うことがしばしばなのです。商品はあくまでも使う人や利用する人の必要性から考えなければなりません。

かつては、約8割の世帯が新聞を定期購読していましたが、今は5割を切っていると言われています。それだけ新聞販売店に対するニーズが減少しており、経営環境は大変厳しくなっているのです。

ところが、ニーズは減少していないという新聞販売店があるのです。確かに、新聞を定期購読するニーズは減少していますが、新聞販売店は地域の各世帯を一軒一軒訪問するという機能を持っています。これを活用すれば、弁当や無農薬野菜などの宅配をすることが可能になります。この例のように、ニーズが減少しているところでも、視点を変えれば新たなニーズに対応できる可能性を発見することができます。

大型家電店でも生残りが厳しい業界の中で、年商4億円の街の電気店があります。この電気店では、お客さまの家庭を訪問するチームを編成し、困り事を徹底的に聞き出して商品の提案をしているのです。厳しい競合環境の中で、ニーズの掘り起こしによって生残りを図っているのです。

●人に興味を持つことがニーズ発見の第１歩！

ニーズのないところにはビジネスはない――この鉄則を忘れてはなりません。ニーズを発見し発掘していくと同時に、ニーズは移り変わっていくことも考えていかなければなりません。それに対応していくためにはどうすればいいのか。

化粧品の訪問販売の落ちこぼれセールスマンだった私は、〝売ること〟にメンタルブロックがあったからということはお話しました。しかし、実はもう1つダメだった理由があったのです。

訪問して出てきたお客さまに対して、私は興味や関心がなかったのです。だから、どんな化粧品をどのように使っているのか質問もせずに、「間に合っている」と言われれば、「またお願いします」と言って出てきてしまう、これを何度繰り返しても売れるわけはありません。

ある本で、イトーヨーカドーの実質的な創業者である伊藤雅俊さんが、次のように言っていることを読んだことがあります。

『客に興味を持てば、客の姿や生活が見えてきます。だから、それに合った商品やサービスを提供しようとします。成功者に共通していることは、人に興味を持つことだと思います』。

この言葉から、人に興味を持つことは、セールスをする上でも、ニーズを発見する上でも非常に大事なことだということを学びました。

●組合せで考えるお客さまの満足度のアップ

起業成功のための4つ目の円が「組合せ」です。

「組合せって何?」と思われるかもしれません。独自性とか差別化と同じだと考えていただいてもよろしいです。なぜ、独自性とか差別化という言葉を使わないのか。それには2つの理由があるのです。

商品を考える場合、「今までにない独自性を出すには?」とか、「既にある商品と差別化するには?」とウンウン考えてもなかなかアイデアは浮かんできません。アイデアを生むためのバイブルともいうべきジェームス・W・ヤングの「アイデアのつくり方」には、「アイデアとは既存の要素の新しい組合せ以外の何ものでもない」と書いてあります。あのスティーブ・ジョブズも同じことを言っています。ゼロから新しいものを考えるのではなく、すでにあるものを組み合わせて新しいものをつくるのです。このほうがよっぽどアイデアが出やすいのです。だから、独自性や差別化ではなく、「組合せ」という言葉を使っているのです。

もう1つの理由、それは常にその商品を使う人を意識しておくためです。独自性や差別化という視点で商品を考えると、他社とは違うもの、他社より優れたものをつくろうとし、「モノ」に意識がいってしまいがちです。商品を使い、その価値を認めてお金を払ってくれるのは「ヒト」です。だから、「ヒト」が喜ぶもの、満足するものを、既存のものを組み合せながら考えていくのです。ウンウン唸りながらアイデアを捻り出すよりも、よっぽど楽しい作業だと思います。

●4つの円の中で一番重要なものは⁉

「情熱」「能力」「ニーズ」「組合せ」、この4つの円が重なり合ったところに起業成功の指定席があります。この中で一番重要なのは何でしょうか？　それは「情熱」です。

「情熱」があれば、常にお客さまのことを念頭に置いて「ニーズ」を発見し、「能力」を身につけ、「組合せ」を考えていくことができるのです。一番重要な「情熱」を生み出すのが、「自分のコア」の見極めと「仕事を通して果たすミッション」の明確化なのです。ワクワクする第2の人生のためのライフワーク起業は、この2つからスタートしていくのです。

起業を成功させるためのハードルが高いのは、この2つをやらないからです。起業のためにやらなければならないことは沢山あります。でも最優先しなければならないことはこの2つなのです。

2　コアとは自分の本質、ワクワクの源泉

●ウツウツからワクワクへ！　その源泉が自分のコア

もっと充実した仕事をしたい、ワクワクする生活を送りたい、そう願いながら毎日をウツウツした気持ちで過ごしている、こんな自分と付き合うのはイヤですよね。自分にとって何が大切か、自分は何にワクワクするのか、何が自分に喜びをもたらすのか、これを知るためには、自分のコアを見極めることです。

コアとは、その人の本質であり、持っている価値観であり、ワクワクの源泉です。本来の自分とは何か、自分がこの世に生まれてきた目的は何か、自分の存在意義は何か、これこそが自分のコアなのです。

自分のコアを見極めることによって、本当に自分がやりたかったこと、熱中して時間を忘れて没頭できること、自分のエネルギーを燃焼できることがわかります。コアに基づいた仕事をすることによって、自分の持っている才能を活かすことができる仕事、毎日ワクワクして取り組める仕事、自分の特性を活かして社会貢献できる仕事がはっきりしてきます。

コアとは、自分の生き方を決め、やるべき仕事を決め、豊かな人生を送る手助けをする心のＤＮＡなのです。

●コアの中に自分の才能が隠されている

コアが何なのかを見極めると、本当に「やりたいこと」がわかります。明確な目的意識と情熱があるので、義務からの仕事ではなく、悦びからの仕事になります。こうなると、仕事ではなく、趣味の延長になります。だからこそ、仕事をしている毎日がワクワクする時間になるのです。

ロシアの文豪ゴーリキーは、「仕事が楽しみなら、人生は極楽だ。仕事が義務であるなら、人生は地獄だ」と言っています。発明王トーマス・エジソンはこう言っています。「私は一生涯、１日の仕事もやったことがない。それらはすべて私にとっては楽しみであったから」と。

コアの中には、自分の才能が隠されています。仕事に自分の才能を活かすことができれば、こんなに楽しいことはありませんね。なぜその才能が授けられているのか、それはその人が自分のミッションを果たすためなのです。このようにコアとミッションとは密接につながっているのです。

●面倒なことを乗り越えるエネルギーが生まれる

仕事ですから、楽しいことだけをしていればいいわけではありません。仕事の中には、面倒なことや嫌なことも含まれています。人に頭を下げることが嫌な人でもお客さまには頭を下げなくてはなりません。得意先リストの作成や商品発送などの作業、経理や在庫管理などもやらなければならないでしょう。商品をつくることは人好きだけど、売ることはやりたくない人もいます。

「どうしてもやりたいこと」を仕事にすると、そこには嫌なことや面倒なことを乗り越えていくエネルギーとパワーが生まれてきます。しかし、どうしても苦手なこと、自分にはできないことは、他の人に手伝ってもらったり、コラボレーションすることも考えられます。

●思ってもいなかったことが自分のワクワクの源泉だった！

小さい頃から引っ込み思案、小学校のときも自分から手を上げて先生の前で発表することなんて大の苦手、そんな彼が今ではセミナー講師として大勢の人の前で話しています。

自分でもまさかと思っているようですが、自分のワクワクの源泉を探ってみると、それは文章を書くことでした。大人になったあるとき、どうしても大勢の前で話さなければならなくなり、思い切ってやってみたところ、これが好評だったのです。

文章を書くには、自分の考え方を整理することが必要です。このことは得意でもあり好きだったのです。だから、きちんと整理された彼の話は好評だったのです。うまく書くことができれば、話すこともできます。

彼の場合、人前に出て目立つことが嫌だったのです。それも慣れてくれば苦にならなくなりました。彼のコアは、自分を表現すること。話すことは苦手だという先入観があり、慣れてもいなかったからできなかったのです。

ワクワクの源泉である自分のコアの見極め、このためのやり方は第5章でご紹介しますが、実際にやってみると、「思ってもいなかったことが自分のコア」だったりすることもあります。

3　自分のコアをビジネスへ――「CoBAメソッド」とは

●コアからビジネステーマ、商品・サービスづくりへ

コアとは、自分の本質やワクワクの源泉であり、これそのものが収入につながるとは限りません。したがって、コアをどのような仕事につなげていけば収入になるのかをきちんと考えていくことが必要です。

手順としては、まず、自分のコアに基づいてビジネスのテーマを決めていきます。さらに、ビジネスのテーマから商品・サービスづくりを考えていきます。

第1章でご紹介した福祉美容の藤田さんの事例で考えてみましょう。彼は、じっくり自分を見つめて、自分のコアを「人の持っているよさを引き出すこと」だと考えました。それを元に新聞記事をきっかけに導き出したビジネスのテーマが高齢者を対象にした福祉美容です。そこから生まれた商品・サービスが福祉美容院によるサービスの提供でした。さらにそれが、福祉美容の仲間づくりやセミナーに発展していきました。

●「CoBA メソッド」の3ステップとは

自分のコアの見極めて、それに基づいたビジネステーマを決め、具体的な商品・サービスづくりを行っていく、これをさらに行動までつなげていって初めて起業が形あるものになっていきます。

この3つのステップを1つずつ着実に歩んで行けば、誰でも自分のライフワークを見つけ、それで起業することができ、充実した第2の人生のためのスタートに向けて1歩を踏み出すことができます（図表11）。

■第1ステップ→自分のコアの見極め…Core

これから起業する自分自身のコアを見極め、本当にやりたいこと、情熱を持って取り組めることを明らかにしていくステップ。このステップがライフワークで起業するための一番のポイントであ

【図表11　ライフワーク起業の3ステップ・CoBAメソッド】

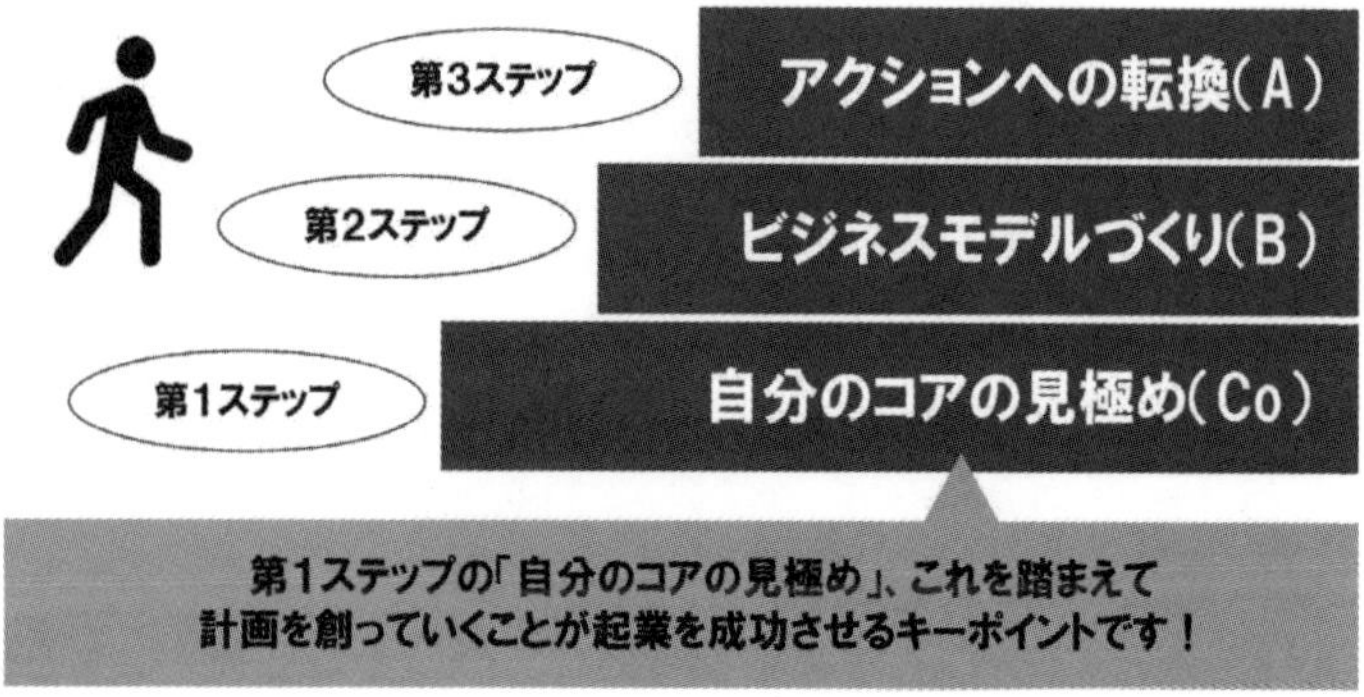

り、起業そのものがうまくいくかどうかの分岐点でもあります。

■第2ステップ→ビジネスモデルづくり…Business Model

自分のコアをベースにして、自分が果たしていくミッションとともに、誰に、どんな商品・サービスを、どのように販売していくのかを明確にしたビジネスモデルをつくっていきます。

さらに、そのビジネスは本当に成り立つのか、実現可能なのかを検証していきます。

■第3ステップ→アクションへの転換…Action

ビジネスモデルを具体化していくために、どんな行動していくのかというアクションへの転換を行っていくためのステップです。さらに、PDCAを回して日々の行動を見直すことによって、行動のレベルを高めていきます。

第1ステップのCore、第2ステップのBusiness Model、第3ステップのAction、これらの頭文字を取ったのが「CoBAメソッド」なのです。

第5章

自分のコアの見極め「CoBAメソッド」の第1ステップ

自分のコアは今までの人生に隠されている！
そこから自分の本質を表すキーワードを探り出し
ワクワクする起業のテーマを見出していくには？

1　自分の年表づくりから始めよう！

●自分のコアはどこにある？

「自分のコアって何だろう？」と机の前で一生懸命考えても、なかなか思い浮かぶものではありません。コアは、今まで生きてきた自分の人生の中にあるのです。

私の場合、一番古い記憶は5歳前後だと思いますが、あなたの場合はいかがでしょう。その頃から現在まで生きてきた自分の人生を振り返ってみると、楽しかったこと、嬉しかったこと、苦しかったこと、辛かったこと、沢山の出来事とそれに伴う思いが詰まっているでしょう。

自分の本質やワクワクの源泉、つまりコアは、この自分自身の過去の中にあるのです。まず第1にやるべきこと、それは過去の中からコアを掘り出す作業なのです。そのためには、今までの自分の人生を振り返るための年表が必要です。

●今までの人生の年表をつくって過去に目を向ける

では、早速、年表づくりに取りかかりましょう。Ａ４サイズの紙を用意してください。５年間を1枚の紙に記入します。したがって、50歳ならば10枚、60歳ならば12枚の紙を用意します。

記入内容を一覧できるように、紙を貼り合わせて1枚の細長い用紙にします。この場合、紙の裏側からセロテープでとめていくといいでしょう。用紙の一番上に年齢を記入すれば、年表のフォーマットが出来上がります。この年表に次のようなことを記入していきます（図表12参照）。

・自分が住んでいた町……どんな家に誰と住んでいたのかも記入するといいでしょう。

・通っていた幼稚園や学校（小学校、中学校、高校、大学など）……思い出すことができれば、何年何組か、担任の先生、記憶に残っている友達、何をして遊んでいたか、好きだった科目や嫌いだった科目、得意だったこと、熱中していたこと、クラブ活動やサークル、印象に残っている学校行事、習っていたこと、読んでいた本や雑誌、印象に残っている映画やテレビ番組、旅行先など

・就職先や仕事……就職した会社、やっていた仕事、一緒に仕事をしていた上司や同僚、仕事での付合い先、面白かった仕事や嫌だった仕事、趣味や趣味の仲間、習得した知識やノウハウ、技術、取得した資格、読んでいた本や雑誌、印象に残っている映画やテレビ番組、旅行先など

【図表 12　人生の年表例】

０～５歳	６～ 10 歳
・その頃、住んでいた町 ・自分が通っていた学校や会社 ・そのときの自分の状況 ・印象に残っていること	

※０～５歳は、ほとんど記憶にないと思われるので、両親や兄弟、親戚の人に聞いてみる。それができないならば、未記入でもよい。
※５年間をＡ４サイズ１枚に書き、それをセロテープで貼り合わせていく。

・家庭生活……子供の頃の家族との生活、親戚の家に遊びに行ったこと、結婚や子供の誕生、子供の入園・入学・就職・結婚・孫の誕生、家族の出来事、家族で楽しんだこと、家族旅行など

●印象的だったことがコアを見極めるポイント

ここに書かれた項目すべてについて記入する必要はありません。これ以外にも記入したほうがいいと思う項目もあると思います。

自分の過去を振り返って、「このことは自分にとって印象的なことだったな」と思うことを記入してください。

2 自分に対する8つの質問

●自分の過去を6つに時代に分ける

今まで生きてきた自分の人生を次の6つに分けてください。

① 小学生までの時代
② 中学・高校までの時代
③ 高校卒業から20代前半までの時代
④ 20代後半から30代前半までの時代

⑤　30代後半から40代前半までの時代
⑥　40代後半から現在に至るまでの時代

●それぞれの時代ごとに７つの質問

６つに分けた時代ごとに、次の７つの質問をしてください。

・質問１…興味や好奇心を持っていたものは何か。その理由は
・質問２…達成して嬉しかったこと、周囲の人が喜んでくれたことは何か。その理由は
・質問３…最も楽しかったことは何か。その理由は
・質問４…苦手なことを克服できたことは何か。なぜ克服できたか？
・質問５…自分が習得してきたこと、人よりよくできたこと、得意だったことは何か。その中で自分が一番好きなことはどれか？
・質問６…人からよく頼まれたことは何か。なぜ人から頼まれたのか？
・質問７…自分が一番リラックスできる場はどこか。なぜそこではリラックスできるのか？

●もう１つ、８つ目の質問は

最後の質問は、６つの時代にとらわれずに考えてみてください。仕事のこと、生活のこと、趣味のこと、何でも構いません。

・質問8…今までできなかったけれど、これまでどうしてもやりたいことは何だったか。その理由は何か？

●書き出す場合の留意点

質問に対する自分の思いを、あまり考え込まずにどんどん書き出していってください。この場合に、次の3つの点に留意することが必要です。

・留意点1…思い出せる限り、どんな細かなことでも書き出していってください。こんなことは関係ないだろうと思わずに、頭に浮かんだことは漏れなく書いてください。書いたときには気づかなくても、他の言葉と結びつけて考えると、それが自分の本質に関わっている場合があるからです。

・留意点2…同じ言葉が何度も出てくる場合があります。重複しているから書かなくてもいいだろうと思わずに、出てくる度に書き出していってください。重複する言葉は、それだけそのことに関心や興味がある、自分の人生において関りが深いということが言えます。だから、同じ言葉だからといって省略しないようにしてください。

・留意点3…年表は年齢の順番に書く必要はありません。思い出しやすいところからどんどん書き出していってください。思い出せない年代でとまっていると、なかなか前に進みません。思い出していくうちに、思い出せないところの記憶も戻って来ます。これは私がやってみた実感です。

3　自分のコアを表すキーワード

●自分のワクワクの源泉を表すキーワード

8つの質問について書き出してみたら、それをじっくり眺めてみてください。いろいろな言葉や文章が書かれている中で、次の3つの点に当てはまる言葉を○で囲み、別の紙に書き出してください。

○パッと目に入った自分にとってインパクトのある言葉
○なぜか心惹かれる言葉
○何回も繰り返し出てきている言葉

何回も出てくる言葉で似たようなものは1つにまとめてください。例えば、「海辺」「浜辺」「砂浜」などは、「海辺」にまとめてください。

ただし、似ていても5つ以上の言葉は1つにまとめないでください。無理にまとめると、違ったニュアンスの言葉が1つになってしまう可能性があります。

まとめた言葉の出てきた回数は、まとめる前の言葉の回数を合計して、まとめた言葉の横に書いておいてください。

書き出した言葉をもう1度見つめて、自分が本当にワクワクする言葉は何だろうと自問自答して選んでみてください。

この場合、仕事に関係するかしないかということは一切考えずに、自分のワクワクという視点からだけで選ぶようにしてください。

どうしてもワクワクする言葉が見つからない場合は、もう1度、8つの質問について書き出したメモを見ながら、言葉を選ぶ作業をやってみてください。

例えば、私も8つの質問に対して書き出したことから、ワクワクの源泉を表すキーワードを選んでみたら、次のようなものがあげられました。これ以外にも、趣味でこんなことをやれたらワクワクするというものがいくつかあがりましたが、それは省略させていただきます。

・「花を育てる」「人を教育する」
・「人と人をつなぐ」
・「人がやらないようなことをやる」
・「自然の中で生きる」「海辺で潮騒の音とともに過ごす」
・「海の向こうに思いを馳せる」「知らない場所に憧れる」
・「組織を離れて自由に生きる」「自分の思ったとおりにやる」

●自分の本質を表すキーワード

本質というと難しく感じられるかも知れませんが、自分の基本的な考え方や価値観という言葉に置き換えてもいいかも知れません。

前述した私の例で言えば「自然」「自由」「組織や束縛は嫌」「海のように開放的」「人とは違うこと」などの言葉がこれに当てはまると思います。

書き出したキーワードだけではなく、その言葉から思い浮かぶ自分の基本的な考え方や価値観を文章にし、それをも含めて考えるといいでしょう。

子供の頃といえば、小学校の通知表の担任の先生からのあなたに対するコメント、この中に、あなたの本質となるキーワードが含まれているかも知れません。もし保存してあったら、それを見てみるのも参考になるでしょう。

ここで1つ気をつけなければならないことがあります。それは、本当に自分がそう思っているかどうかをチェックしてみるということです。人は「have to＝ねばならない」で考えてしまいがちだからです。

本当に自分はこう思うというのではなく、世の中や他の人の考え方が自分の考え方だと思ってしまうのを避けなければなりません。とくに、子供の頃に親から言われたことは自分の価値観だと信じているケースは多いようです。本当に自分はそう思っているのか、自問自答することが必要です。

●年表づくりから自分を棚卸した人たちの声

ここで、私が実施した自分のコアを見極めるセミナーに参加した人たちの声の一部をご紹介します。

・Y・Tさん（50代男性）

普段、自分自身の考えとじっくり向き合う時間を取るのが難しいので、いつもモヤモヤした居心地の悪さを感じながら過ごしていました。集中して自分の過去を振り返ってみた結果、自分が進みたい方向性と具体的なビジョンの足掛かりができたかなと感じます。

・U・Tさん（50代男性）

あらためて書き落としてみると、これまで十分だと思っていたことが足りていなかったりしていたことを実感しました。これが、これから先の事業構築によい影響をもたらすものと思いました。

・K・Tさん（50代女性）

自分のワクワクした気持ちを大切に行動すればよいことを再確認できました。来年以降、自信を持って活動していくことができると思いました。自分の心を知る1つの手段を知ることができ、これからの人生にプラスになると思いました。

4　自分のコアをビジネスへ

●キャッシュポイントを考える

私たちがこれからやっていくのはビジネスですから、提供する商品やサービスをお金に換えることが必要です。お金に換えるポイントをキャッシュポイントと言います。

例えば、ある人が子供の頃からどうしてもやりたかったこと、それが野球選手になることだったとします。現在の年齢は50歳、これから野球選手になること、それはどうみても無理ですよね。そうしたら、好きでたまらない野球の周辺でキャッシュポイントを探します。

野球周辺の仕事として、スポーツジャーナリスト、コーチ、審判、好きな球団のファン雑誌の発行、ファンが集まる飲食店経営、スポーツ用品販売店経営などが考えられますが、ここにあげた以外にもいろいろあるでしょう。

さらに、なぜ野球選手になりたかったかを考えてみます。「有名になりたい」「大勢の人の前で活躍したい」「人から称賛されたい」「チームで何かをやるのが好き」などいろいろあるでしょう。このような動機という視点からのキャッシュポイントを探すという方法もあります。

●キャッシュポイントを探す６つの視点

好きなテーマでキャッシュポイントを探すには、次の６つの視点があります。

・視点1　好きなテーマについて「書く」

自分の好きなテーマについて本や電子書籍、ブログやメルマガなどに書いてビジネスとして成立するかを検討する視点です。

・視点2　好きなテーマについて「人に話す」

自分が好きなテーマについてセミナーや講演などで話すことでビジネスとして成立するかを検討する視点です。You Tubeを利用して情報発信するなども考えられます。

・視点3　好きなものを「販売する」

お店や通販、ネットを通して自分が好きなものを販売することでビジネスとして成立するかを検討する視点です。

・視点4　好きなテーマについて「教える」

自分の好きなテーマについて教室やセミナーを実施してビジネスとして成立するかを検討する視点です。

・視点5　好きなテーマについて「プロデュースする」

自分の好きなことをテーマにしてそれに関するツアーを企画する、製品やグッズを開発する、イベントを行う、雑誌などを発行するなど、好きなテーマについてプロデュースしてビジネスとして成立するかを検討する視点です。

・視点6　好きなことを「する人にサービスを提供する」

例えば、ワインが大好きならば、ワイン販売店のコンサルタントになる、ワイン販売に関する情報を提供する、ワイン販売店の陳列提案や品揃え・店舗デザインを提案するなど、好きなことをする人にサービスを提供することがビジネスとして成立するかを検討する視点です。

6つの視点を見ると、野球、パン、ワインなどのような自分の好きな「テーマ」（名詞）と、書く、教える、プロデュースするなどのように「行動」（動詞）の組合せであることがおわかりいただけると思います。

つまり、第3章でご紹介した〝「やりたいこと」を名詞と動詞の2つの点から考える〟につながるのです。

5　自分の成功パターンと失敗パターン

●年表から読み取る自分の成功パターンと失敗パターン

せっかくつくった自分の年表です。この中から自分のコアを見つけるとともに、もう1つ大事なことを読み取ることができます。それは、自分の成功パターンと失敗パターンです。「あのときはうまくいって皆から褒められたなぁ～」とか、「あれはヤバかったな。課長にひどく怒られたことを思い出すと、今でも身が縮む思いがするよ」など、まさに島倉千代子さんの歌ではないですが、「人生♪　いろいろ♪」ですよね。

ここでもう1度、作業をしてください。まずは、年表を見ながらうまくいったこと、成功したことを思い出しながらリストアップしてください。次は、その反対にヤバかったこと、失敗したことのリストアップです。

リストアップしならば、なぜ成功したのか、なぜ失敗したのか、その理由を書き出していってください。そして、理由をじっくり見てください。そこには何らかの共通するパターンがあるはずです。それを見つけ出すのが今回の作業の目的です。

私の場合、自分からいろいろな人に積極的に呼びかけて、多くの人を巻き込んだときには、うまくコトが運んで成功につながりました。失敗したときは、なかなか気分が乗らずに、いつまでもグズグズしていてようやく重い腰をあげて取り組んだときでした。また、人への連絡が遅かったり、不十分だったりして相手の協力をうまく得られずに失敗したことも何回もありました。

年表を見ながら、過去のことを思い出しつつ作業を行っていると、ついついそのときのことに感情移入しがちになりますが、第三者の立場に立って自分の年表を眺めながら作業を行うことがポイントです。

とくに失敗したときのことは、「上司が理解してくれず、周りの人も協力してくれなかったからだ」などと、失敗の原因を他のせいにしてしまって、自分のことを冷静に反省できなくなる恐れがあります。だから、過去の自分を子供に見立て、その子供を見つめる親の立場から考えるようにするといいでしょう。

●過去の自分のパターンから「ルールブック」をつくる

起業すると、会社のように自分を束縛するものがありません。そのために、どうしても自分に甘くなってしまいます。だから、自分を律するための約束事が必要なのです。それを行動基準にするのです。

アンソニー・ロビンスは、「能力を最大限に引き出すためには基準を厳しくする、自分に対する要求を厳しくする」ことが必要と述べています。

私たちは、自分の年表を見ながら、成功した理由、失敗した理由の共通点を見つけ出し、そのパターンを浮かび上がらせました。これをもとに今後の行動基準にするための自分の「ルールブック」をつくっていきます。成功を招き寄せ、失敗を避けるための極めて重要なものです。

私たちは、成功した人の本を読んでヒントを得て、それを実行しようと考えます。しかし、読んでからしばらく経つと、そのことはすっかり忘れている場合が多いと思います。そこには、素晴らしいことが書かれていますが、それは自分ではなくあくまでも書いた人のことだからです。

●「ルールブック」は自分の行動のクセから導き出したもの

今回作成した「ルールブック」は、あなた自身の過去から導き出されたあなただけのものです。行動基準というと堅苦しい感じがするかも知れません。「ルールブック」は、あなたの過去からの行動のクセから、よいクセをさらに伸ばしていき、悪いクセには気をつけていこうというものです。

「ルールブック」は、つくっただけでは忘れてしまいます。手帳に書いたり、壁に貼り出したりして、いつも目に触れるようにし、頭にインプットできるようにしておきます。このとき、表現を否定的にするのではなく肯定的にします。

例えば、私の失敗パターンからは、「相手への連絡を忘れないようにする」という表現と、「相手に対して頻繁に連絡を取る」という表現が考えられます。前者のような否定的な表現ではなく、後者のような肯定的な表現にします。

6　仕事以外のワクワクで人生を楽しむ!

●仕事以外のことでワクワクすることを見つけ出す

年表を見ながら質問に答えるという作業を行っていただきましたが、8つの質問の中から、次の4つの質問の答えをもう1度見てください。

・質問1　興味や好奇心を持っていたものは何か。その理由は
・質問3　最も楽しかったことは何か。その理由は
・質問7　自分が一番リラックスできる場はどこか。なぜそこではリラックスできるのか。
・質問8　今までできなかったけれど、どうしてもやりたいことは何だったか。その理由は

以上の質問の答えの中から、仕事以外でワクワクすること、自分がリラックスできる場所を抜書きしてみてください。

書き出した項目を見て、今でもやってみたいこと、これをやればワクワクするだろうなという項目、自分が本当にリラックスできる場所をリストアップしてみてください。

●ワクワクする趣味の時間を持てば仕事の効率も上がる！

ワクワクできることを仕事にする、これが本書のテーマであるライフワーク起業です。したがって、仕事が趣味みたいのものだから、わざわざ趣味の時間を取る必要はないという考え方は必ずしもそのとおりとは言えません。仕事以外のことでワクワクする時間を取る、リラックスできる場所に行く、これも充実した人生を送るためには重要なことです。

例えば、私の場合、子供の頃から花を育てることが大好きでした。だから、今でも休みの日や時間が空いたときには、花の種を蒔いたり、球根や苗を植えたり、水をやったりしています。また、海を見るとリラックスするので、妻と海に出かけたりしています。こういう時間を過ごすことによって、その後の仕事の集中力が高まり、効率も上がります。

●焦る気持ちが「時間がない」につながる

「仕事と趣味の両方を充実させるなんて、とても時間がない」と思う人もいるかと思います。こういう気持ち、とてもよくわかります。いざ、仕事が始まると、「あれもしなければ、これもしなければ…」と、やらなければならないことで頭の中が一杯になり、「趣味どころではない」という気持ちになります。

こんな焦りの気持ちは、仕事をする上でも禁物です。やるべき仕事の項目と期日を書き出していくと、焦りの気持ちは和らいでいきます。

これが整理されておらず、頭の中でモヤモヤしているから焦りの気持ちが生まれるのです。このために使うツールが日報です。詳しくは第7章でご紹介していきます。

●人生を楽しむことが活力につながる

スポーツ、旅行、山登り、楽器演奏、園芸、映画や音楽鑑賞など、ワクワクすることで大いに生活を楽しんでください。同時に、家族との生活も大事にしてください。起業という新しいことへの挑戦、そこには、大変なことも多々あるでしょう。そんなときの家族の励ましの言葉は大きな慰めとともに、前進していくための活力につながるでしょう。うまくいったときの喜び、これを家族と分かち合うことによって倍以上の喜びになるでしょう。

海辺で育った私は、海を眺めて波の音を聞くと心が穏やかになり、ストレスも消えていく感じがします。このように、仕事の合間を縫ってリラックスできる場所に身を置いてください。そんなときにフッといいアイデアが思い浮かんだりします。かといって、アイデアのためにという目的を持って出かけると思い浮かぶことが少ないようです。目的を持たずにリラックスする、アイデアが生まれれば〝儲けもの〟と考えるくらいのほうがいいようですね。

自分の年表づくり、これは半日以上かかるかも知れません。年表に表されている過去に、自分のコア、自分の行動基準、ワクワクできる自由な時間の過ごし方が埋まっているのです。〝悔い〟や〝老い〟のない人生のために、ぜひ年表づくりにトライしてみてください。

第6章　ビジネスモデルづくり「CoBAメソッド」の第2ステップ

第1ステップでビジネスのテーマを決めたら
誰に、どんな商品で、どんな価値を提供するのか、
これをビジネスモデルとして1枚のシートに！

1　商品・サービスを考える2つの視点

●商品とは、望む未来を実現するもの

「私たちはドリルという商品を買っているのではない。ドリルで開けた穴を買っているのだ」——こんな話を聞いたことがあると思います。そうです。私たちは、商品によって可能になる未来を買っているのです。

寒くて寒くてたまらない。どこかにホッカイロが売っていないかな？　私たちは、寒い寒い現状からホッカイロを入手することによって寒さから解放される未来を買っているのです。

きょうは子供の誕生日、バースディケーキを買って帰ろう。このお母さんは、ケーキの入手を通して何を買ったのでしょうか？　そうです、お子さんの喜ぶ姿という未来だったのです。彼女と高級レストランに食事に行く、求めていたのは彼女との楽しい語らいと食事のひと時という未来の実現だったのです。

私たちの提供する商品やサービスによって、私たちはお客さまのどのような未来を実現しようとしているのか、このことをじっくり考える必要があります。

例えば、バースディケーキを通して子供の喜ぶ姿という未来を実現したいのであるならば、その未来の実現のために、ケーキとともに、どのようなサービスを提供すれば、その未来がより魅力的

になるのかを考えていけば、他とは違った価値を提供することができるでしょう。

●お客さまが欲しいときに欲しいものを提供する！

日本のセメント王と言われ、一代で浅野財閥を築いた浅野総一郎さんは、若いとき、裸一貫で東京に飛び出してきました。どうしても金儲けをしなければならないと、足を棒にして東京中を駈けずり回ったけれど儲け話などはありません。お茶の水を通りかかったとき、ふと思いついて宿に帰り、手桶と盆とギヤマンのグラスを5、6個買って戻って来ました。

お茶の水という地名は、将軍に献上した水をここから汲んだというのでついた名前、明治の初め頃はきれいな水がこんこんと湧いていたそうです。その水を手桶に汲んで本郷の湯島切通しの上に立っていると、ここを大八車に材木、庭石、植木などを積んだ人たちが通ります。

真夏の暑いときなので、皆、坂を上がってしまったら、かじ棒を下ろして、やれやれと汗を拭いています。こんなときに冷たい水が飲めたらなと思っていると、ひゃっこい水、ひゃっこい水と、お茶の水の水を汲んできた少年が水を売り歩いています。たちまちのうちに売り切れて、何遍も水を汲んでは売ります。土手の下に行ったらただの水が、坂の上に行ったら1銭で売れる値打ちがあるのです。

大八車で坂を上がってきてひと休みしている人たちは何を求めているのか、お客さまが欲しいときに欲しいものを提供する、浅野総一郎さんはそれを的確に掴んで行動を起こした、ここにビジネスの原点があります。

●「快楽と痛みの法則」――商品・サービスを考える2つの視点

人間の行動は、私たちが思っているほど複雑なものではないと言われています。フロイトは、人間の心の第1の要素は〝イド〟だと説きました。〝イド〟は、快楽を求め、苦痛を避けようとします。これを心理学では、「快楽と痛みの法則」と呼んでいます。つまり、人間は常に「快楽」を求め「苦痛」を避けようとしています。

浅野総一郎さんの話は、喉が渇いて堪らないという「苦痛」を避ける欲求に即していたからうまくいったのですね。会社での残業の帰り、駅までの途中の焼鳥屋からいい匂いが漂ってきます。一緒に歩いている同僚に「ちょっと一杯飲んでいくか！」と店に入る。これは「快楽」を求める行動ですね。私のサラリーマン時代の姿です。

商品・サービスを考える場合、「快楽」を求める欲求と、「苦痛」を避ける欲求、この2つの視点から考えることが求められます。では、どちらの欲求のほうが強いのでしょうか。

歯医者には、ホワイトニングという歯を白くする方法がありますよね。若い女性にとっては真っ白な歯になることは自分が美しくなることであり、男性にもてるようにもなるかも知れません。だから、ホワイトニングは、「快楽」を求める欲求ということになりますね。一方、虫歯が痛くて痛くて…、こんな場合は、すぐにでも治して欲しい。文字通り「苦痛」を避ける欲求です。この例を考えれば、すぐにわかりますね。「苦痛」を避ける欲求のほうが、「快楽」を求める欲求より強いのです。

2　対象となる人の求めていることをリストアップ

●商品・サービスの提供を通して誰に喜んでいただくか

私が化粧品の売れないセールスマンをやっていた頃、上司に言われていたことは、「相手と戦って勝って来い」ということでした。この場合、相手とは商品を買ってくれるお客さまです。「セールスとは、相手に勝つか負けるかの勝負である。そういう厳しさがなければセールスなんてできるものではない」という指導を受けていたのです。

さすがに今では、こんな指導は行われていないと思いますが、「売り込む」という言葉は、今でも時々耳にします。

お客さまとは、戦う相手でも売り込む先でもありません。私たちが提供する商品・サービスによって喜んでいただくのがお客さまです。満足していただいた対価が売上なのです。

私たちがまず考えなければならないことは、誰に喜んでいただくかを明確にすることです。いわゆるターゲットの設定です。しかし、私のところに相談に来る人に、「ターゲットは誰ですか」と質問すると、「自分の商品を喜んでくれる人ならターゲットは誰でもいいのです。どなたにも喜んでもらえる自信のある商品ですから…」といった答えが返ってくることが少なくありません。

結果として、年齢に関係なく幅広い人たちに支持される商品だとしても、ターゲットが明確になっていないと、誰に向かって何を訴えていくかがぼんやりしてしまいます。「これは私のための商品・サービスなのだ！」と思われるように、相手にピンポイントで訴えかけないと、こちらを振り向いてくれません。また、どんなことで悩んでいるのか、困っているのかが具体的に見えてきません。

ターゲット設定に当たっては、私たちが提供する商品・サービスを通して喜んでもらう人を具体的にありありと思い浮かべることが大切です。

例えば、30～40代の主婦層をターゲットに設定したとしましょう。そうしたら、設定したターゲットに該当する知合いの方を誰か1人ピックアップしてください。その人の年齢、住んでいる場所や住居形態、家族構成、好みや趣味、よく買物に行く場所、普段どんな生活をしているかなど、その人のことをありありと思い浮かべることができる人を選んでください。

●困っていること、悩んでいること、望んでいることをリストアップ

提供する商品・サービスを考える2つの視点、それは、「苦痛」を避ける欲求と「快楽」を求める欲求の2つでした。あなたがこれから起業しようと思っているビジネスの領域について、先ほどありありと思い浮かべた人の「苦痛」、つまり困っていることや悩んでいること、同じく「快楽」、つまり望んでいることをリストアップしていきます。

では、いくつリストアップすればいいのか。10個や20個ではありません。ズバリ100個です。「えっ、100個？　そんなにリストアップしなくちゃいけないの？」。そうです、100個です。

紙を用意して、左端に1～100まで番号を記入してください。その番号の横に、あなたがターゲットの1人として具体的に選んだ人が困っていること、悩んでいること、望んでいることを書いていくのです。

最初の10個くらいまではスイスイ書けるでしょう。選んだ人の具体的な生活の様々な場面を想定して考えれば、20個くらいまでは書けるでしょう。でも、その後が続かず四苦八苦しても思い浮かんできません。では諦めますか。いや、ここが踏ん張りどころです。

机に向かって書いていても思い浮かばなかったならば、ターゲット層として設定した人たちの何人かにヒアリングしてください。それをヒントにリストアップを続けてください。50個、60個、もう出てこない。でも、諦めない。ムリヤリにでも捻り出しましょう。70個、80個、もう一息です。

ここまで来ると不思議なことが起こります。リストアップの作業を行っている自分が、ターゲットの1人として選んだその人になったような気持ちになっていきます。この不思議な感覚を味わうまで頑張って書き出していってください。

100個リストアップできましたか。ご苦労さまでした。そうしたら、ターゲットとして選んだ人が、喜んでいる表情を思い浮かべてください。あなたの提供した商品・サービスによって、困っていること、悩んでいることが解決し、望んでいることが叶って、あなたに対してどんなことを話しかけているか想像してみてください。そうです、その言葉を聞くために私たちはビジネスを始めたのです。

3　組合せで考える顧客を満足させる商品・サービス

●リストアップした１００個を絞り込む

リストアップされた１００個の困っていること、悩んでいること、望んでいること、これ全部に対応していくのは大変です。そのため、次のような2つの基準で絞り込んでいきます。

・基準１：ターゲット層がより強く求めていると推測される項目

そのことにより、多くの人が不満や不便を抱えているなどの項目があげられます。あるいは人数はそれほど多くはないけれど、強い不満や不便を感じている人がいる項目も対象になるでしょう。不満や不便が解消されると満足度が高くなります。したがって、より満足度が高くなる項目は何かという視点で絞り込んでもいいでしょう。

・基準２：今まで見逃されていた項目

誰もが思いつくような悩み事や困ったことに対応するための商品・サービスは、すでに世の中にあると思います。今まで気がつかなった、見過ごされてきた項目、それに焦点を当てた商品・サービスが求められています。そのためにムリヤリ１００項目をリストアップしていただきました。ここまでやることによって、今まで見過ごされてきた項目が出てくる可能性が高くなります。

●顧客に満足してもらう商品・サービスを考える

リストアップした項目を絞り込んだら、次は、その欲求に対応し、お客さまに満足してもらう商品・サービスを考える段階になります。ここでは、第4章でご紹介したように、今までにない全く新しい商品・サービスをゼロから考えるのではなく、アイデアが出やすいように、すでにあるものを組み合わせて新しいものをつくっていくようにします。

次には、考えた商品・サービスを提供するのに、どのような能力やノウハウが必要かを検討し、その取得方法を考えます。例えば、第1章でご紹介した福祉美容の藤田さんの例で考えてみましょう。

自分の部屋に閉じ籠りがちな高齢者に、気持ちの上でもっと元気になり、いろいろな人と交流できるようになって欲しい、こんな願いから起業を考えた藤田さん。「福祉」と「美容」の組合せという新しいサービスを考えました。

これを提供していくためには、「福祉」と「美容」についての知識と技術、ノウハウが必要ですが、ずっとIT業界一筋に歩いて来たので、その領域については全くの素人です。そこで、50歳を過ぎてから美容師の資格と福祉士の資格を取得することにしました。

起業のために考えた商品・サービスを提供するのに、自分にはそのための能力やノウハウがない。

このような場合、藤田さんのように自分自身でそれを取得する方法と、それを持っている人とタイアップする方法があります。どちらを選ぶかは自由ですが、あくまでもどちらを選んだほうがワクワクするかという観点から決めてください。

●モニターにヒアリングして検証する

「よし、提供する商品・サービスが決まった。早速これで起業しよう！」という気持ちになるのはわかりますが、その前にもうワンクッションが必要です。

このような商品・サービスは、世の中に求められているに違いないと自分では思っていても、実際にお客さまはそうは思っていないかも知れません。実は、ここで間違えたために、後でつまづく人が多いのです。この段階での手間を省いたために、そのツケが後から来たのです。ここは商品・サービスを考える正念場とも言える大事な段階なのです。

この段階でやること、それは極めて単純なことです。実際にその商品・サービスを提供しようと思っているターゲットの人たちに、次のような点についての意見を聞いてみることです。

・このような商品・サービスがあったらお金を出して買いたいと思いますか。なぜ買いたいと思いましたか？
・価格がいくらくらいだったら買いますか？

・もっと改善すべき点、付け足すような点はどんな点ですか？

人数が少ないと偏った意見になる可能性があるので、少なくとも10人くらいには聞いてみましょう。ヒアリングした結果、多くの人が買うと言っていたという多数決だけで決めるのはリスクがあります。

「なぜ買いたいのか？」「いくらだったら買うのか？」、このような質問から相手の本音を探り出し、本当にいけるかどうかを判断してください。したがって、アンケートを作成して、それに回答してもらうようなやり方ではなく、相手にお会いし、対面でヒアリングしてください。回答するときの表情や話し方から相手の気持ちを推測することができます。

●それによってどんな役割を果たすのか、ミッションの明確化

ミッションの明確化といっても、難しく考える必要はありません。今まで繰返し述べているように、お客さまに喜んでいただけること、役に立つことをやっていくこと、これが仕事を通して果たしていくミッションなのです。第２章でご紹介したように、どうしたらもっと喜んでいただけるかという〝愛〟の視点から仕事を考えることがミッションにつながるのです。

私たちは、ミッションを実現するためにビジネスをしているのであり、日々の業務や判断においても、ミッションに沿っているかどうかが非常に重要です。問題が発生したときも、そこに解決策が隠されていることが多いのです。

〝ビジネスとは自分が儲けることではなく、客を儲けさせることである〟という先人の言葉がありますが、どのように〝客を儲けさせる〟かを明確にしたのがミッションなのです。

4 1枚のビジネスモデル・ビューシートにする

●ビジネスモデル・ビューシート作成のメリット

販売する商品・サービスが決まったら、次に作成することになるのはビジネスモデル・ビューシートです。

ビジネスモデルを検討するツールとしては、ビジネスモデル・キャンバスが知られており、IBM、エリクソン、デトロイトやカナダ政府をはじめ、世界中の企業や組織で活用されているフレームづくりのシートです。

ビジネスモデル・キャンバスをもとに、これから起業する人、とくにライフワーク起業を目指す人のために作成したのがビジネスモデル・ビューシートです。これは図表13のような1枚のシートであり、1枚だからこそ次のような5つのメリットがあります。

■メリット1　ビジネスのゴールが明確になる

何のために自分はビジネスを行うかというミッションを常に意識したビジネスモデルを作成することができます。

【図表 13　ビジネスモデル・ビューシート】

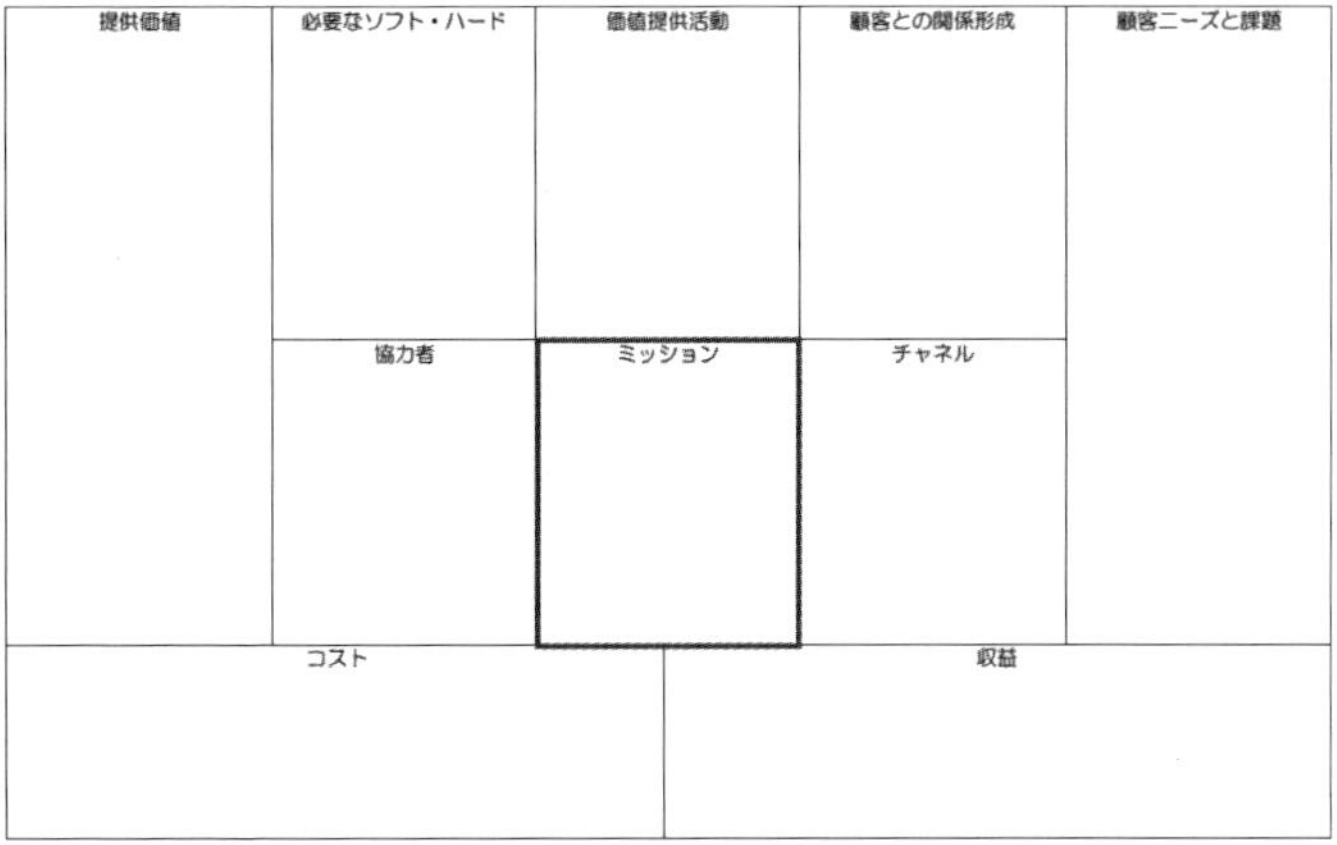
提供価値
必要なソフト・ハード
価値提供活動
顧客との関係形成
顧客ニーズと課題
協力者
ミッション
チャネル
コスト
収益

【図表 14　ビジネスモデル・ビューシート記載例】

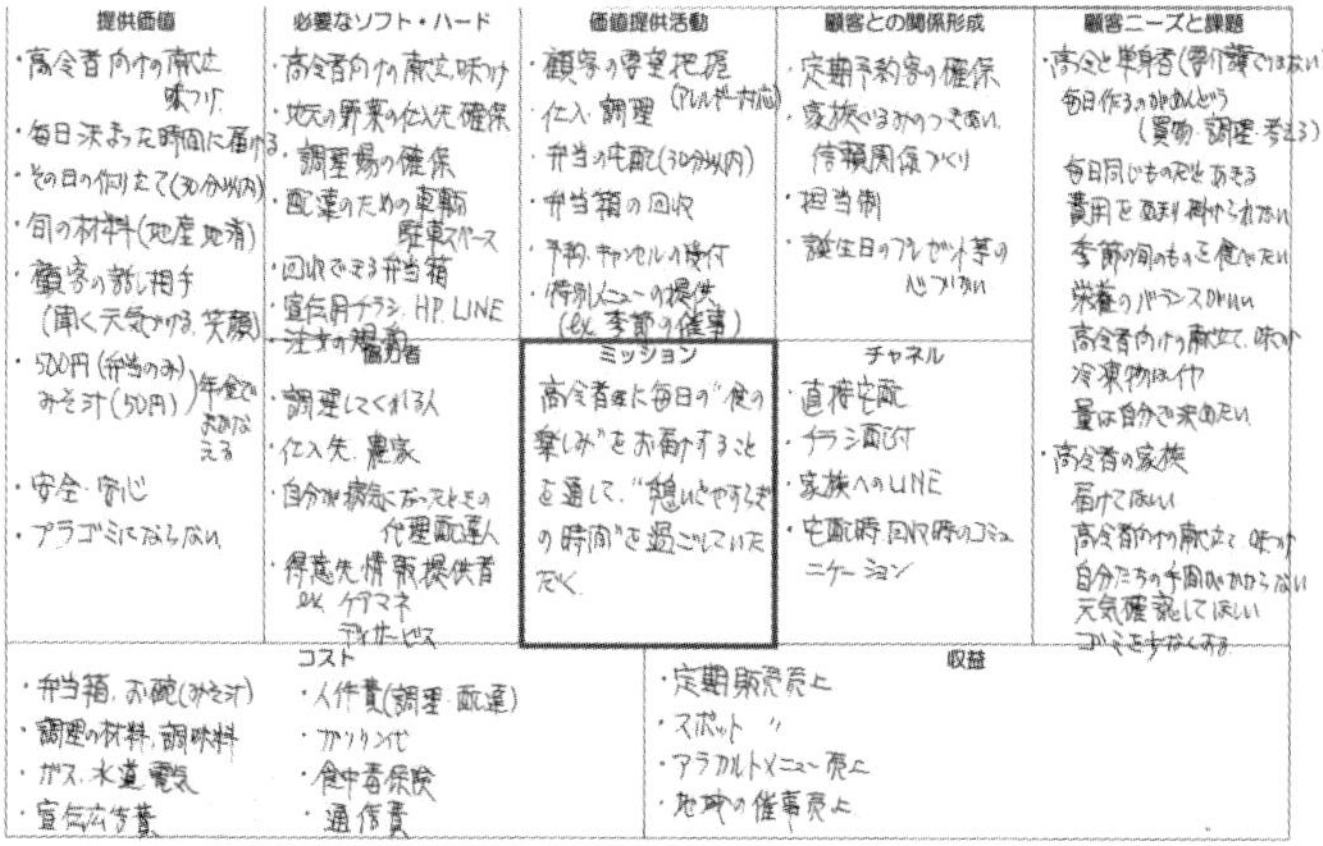
提供価値
・高齢者向けの献立、味つけ
・毎日決まった時間に届ける
・その日の作りたて（30分以内）
・旬の材料（地産地消）
・顧客の話し相手（聞く、天気かける、笑顔）
・500円（弁当のみ） みそ汁（50円） 年金でまかなえる
・安全・安心
・プラゴミにならない
必要なソフト・ハード
・高齢者向けの献立、味つけ
・地元の野菜の仕入先確保
・調理場の確保
・配達のための車輌 駐車スペース
・回収できる弁当箱
・宣伝用チラシ、HP、LINE
・注文の場所
価値提供活動
・顧客の要望把握（アレルギー対応）
・仕入、調理
・弁当の宅配（30分以内）
・弁当箱の回収
・予約、キャンセルの受付
・特別メニューの提供（ex. 季節の催事）
顧客との関係形成
・定期予約客の確保
・家族ぐるみのつきあい、信頼関係づくり
・担当制
・誕生日のプレゼント等の心づかい
顧客ニーズと課題
・高齢と単身者（要介護ではない）
毎日作るのがめんどう（買物、調理、考える）
毎日同じものだとあきる
費用をあまりかけられない
季節の旬のものを食べたい
栄養のバランスがほしい
高齢者向けの献立て、味つけ
冷凍物はイヤ
量は自分で決めたい
・高齢者の家族
届けてほしい
高齢者向けの献立て、味つけ
自分たちの手間がかからない
天気確認してほしい
ゴミを少なくする
協力者
・調理してくれる人
・仕入先、農家
・自分が病気になったときの代理配達人
・得意先情報提供者 ex. ケアマネ デイサービス
ミッション
高齢者様に毎日の“食の楽しみ”をお届けすることを通して、“憩いとやすらぎの時間”を過ごしていただく。
チャネル
・直接宅配
・チラシ配付
・家族へのLINE
・宅配時、回収時のコミュニケーション
コスト
・弁当箱、お碗（みそ汁）
・調理の材料、調味料
・ガス、水道、電気
・宣伝広告費
・人件費（調理、配達）
・ガソリン代
・食中毒保険
・通信費
収益
・定期販売売上
・スポット　〃
・アラカルトメニュー売上
・地域の催事売上

このことはライフワーク起業にとって最も重要な点です。

■メリット2　ビジネスの全体像を一目で見ることができる

たった1枚のシートなので、全体像が一目でわかり、ビジネスを構成するそれぞれの項目の関係が把握できます。

また、第三者にも簡潔に説明することができます。

全体を一目で見ることができるのでビューシートという名前にしました。

■メリット3　顧客視点でビジネスを考えることができる

シートの中に、商品・サービスという項目がありません。起業家が陥りがちな顧客不在の商品・サービスからビジネスを考えるのではなく、顧客の視点や立場からビジネスを考えることができます。

■メリット4　自分の描いているビジネスの弱い部分がわかる

一目で全体像を把握することができるので、パッと見て自分のビジネスの弱い部分、詰めが甘い部分がわかります。その部分を簡単に書き直すことが何度もできます。

■メリット5　描かれたアイデアが新しいアイデアの引金になる

このシートでは、ミッションを除いた9つの枠にアイデアを記入していきます。そこに記入されたアイデアを見て、新しいアイデアが思い浮かぶことがあります。そのため、アイデアはポストイットに記入していきます。

なお、ビューシートは、A3サイズにすると記入しやすいと思います。

●ビジネスモデル・ビューシートの項目

このシートには、ミッションを含む10個の枠があり、それぞれの枠の中に次のような順番で記入していきます（図表14の記載例参照）。

ここでは、第3章でご紹介した高齢者宅に弁当を配達するビジネスを事例に説明していきます。

① ミッション

自分は何のためにビジネスをやっていくのかという一番の根本の部分です。

私たちは、ミッションを実現していくために起業したということを、常に忘れないようにしなければなりません。何があっても立ち返るべき原点がミッションなのです。だから、シートの中央の太枠で囲まれた部分に記入します。

高齢者宅への弁当配達ビジネスの場合は、「高齢者に毎日の〝食の楽しみ〟をお届けすることを通して、〝憩いや安らぎの時間〟を過ごしていただく」ということになるでしょう。

② 顧客ニーズと課題

私たちの顧客は誰なのか、顧客の求めているニーズは何か、顧客が抱えている悩み事や困り事は何か、このようなことをこの枠内に記入します。対象となる顧客を明確にすることは、対象を選ぶこと、つまり、私たちが提供する商品・サービスに興味のある人を探し出すことです。興味のない人は相手にしなくていいのです。

高齢者宅への弁当配達ビジネスの場合は、直接的な顧客である独り住まいの高齢者と、離れて住んでいるその高齢者の家族のように、1つの商品・サービスに対して、異なったニーズがあります。

本人のニーズは毎日食べても飽きない弁当などがあげられますが、家族の場合は違った視点からのニーズになるでしょう。このように立場によってニーズや課題が異なる場合は、分けて記入してください。

③　提供価値

顧客ニーズを満たすことによって、また顧客の課題を解決することによって、顧客にどのような価値を提供するかを記入します。ここがミッションと一番密接に関わる部分です。

高齢者宅への弁当配達ビジネスの場合は、直接的な顧客である高齢者に対しては、高齢者向けの献立や味付けなど、弁当そのものの価値とともに、笑顔で自分の話し相手になってくれるなどのサービスも提供価値になるでしょう。家族にとっては、安全・安心できる弁当を決まった時間に届けてくれる、安否確認をするなどが提供価値になります。

④　価値提供活動

顧客に価値を提供するために、どのような活動を行うかを記入します。

価値を提供するための活動には、商品・サービスをつくったり、仕入れたりする活動、顧客に商品・サービスをお届けする活動、お届けしたあとのアフターフォロー活動、顧客の要望を把握したり、要望やクレームに迅速に対応する活動などが含まれます。

高齢者宅への弁当配達ビジネスの場合は、配達や回収だけでなく、食べる人に合せた味や分量の提供なども必要になります。

⑤　顧客との関係形成

ネット通販で商品を買うと、関連する商品を紹介してくれますよね。これは、顧客の興味のある商品を提案するという顧客との関係づくりを目指しているからです。私たちは、顧客とどのような関係をつくっていくのか、そのためにどのような活動を行うかをこの枠に記入します。

高齢者宅への弁当配達ビジネスの場合は、高齢者の家族ぐるみの付合いを目指して信頼関係をつくることを目指しています。そのことによって、定期予約のお客さまを確保していくようにしていきます。そのためには、顧客別に配達するスタッフを決めておく担当制をとったり、家族ぐるみの付合いで家族に対してもつながりづくりを行っていきます。

⑥　チャネル

チャネルとは、どこで商品・サービスを販売するかという顧客にリーチする経路を指します。

高齢者宅への弁当配達ビジネスの場合は、商品・サービはお店ではなく直接お宅に配達して届けていきます。

異なった顧客にリーチするには、異なったチャネルが必要な場合もあります。

チャネルを考える場合、この前の段階が重要です。顧客に商品・サービスを購入してもらうために、どのような方法で集客していくかもチャネルに含まれます。つまり、商品・サービスを知ってもらってお店に来てもらうには、買いたいと思うようになってもらうには、どのようにしていくのかを記入します。

⑦　必要なソフト・ハード

商品・サービスの開発や仕入、価値提供、情報発信、販売、アフターフォローなどのためには、どのようなソフトやハードが必要かを記入します。

高齢者宅への弁当配達ビジネスの場合は、調理場の確保、弁当配達のための車両と駐車スペース、回収できる弁当箱などが必要です。

また、食材や地元の野菜などの仕入先、高齢者向けの献立を考えたり調理を行うノウハウや技術、チラシやホームページ作成、LINEを使った情報発信ノウハウ、顧客台帳づくりなどが必要となります。

⑧　協力者

必要なソフトやハードをすべて自分たちで用意できない場合は、協力者が必要になります。誰にどのようなことで協力してもらうかを記入します。

外部の協力者とともに、必要な内部スタッフのことも検討していきます。意外に見逃されやすいが経理の担当者です。「経理は誰が担当するのですか」と質問すると、「考えていませんでした。自分は〝簿記の簿の字〟も知らないから、どうしたらいいのでしょうか」という返事が返ってくるケースがけっこうあります。

高齢者宅への弁当配達ビジネスの場合は、野菜などを仕入れる農家、調理や配達担当のスタッフ、顧客候補情報の提供者としてデイサービスの担当者、チラシやSNSによる情報発信協力者などが必要になります。

⑨　収益

一番シンプルなケースは、お店で商品を販売して、その代金として現金を受け取るというビジネスモデルですね。これは、顧客が形ある商品の所有権を買い取る売切りという方式です。

形のないサービスを販売する場合は、サービス提供料が収益になります。この他に、リースや賃貸料、サービス料や利用料、登録料や入会金、ライセンス料、仲介料などがあります。

⑩　コスト

コストには、ビジネスを始める前にかかるもの、例えばお店を始めるのなら店舗の敷金や改装費、設備費や什器備品代などのような初期費用と、ビジネスがスタートしてからのコスト、例えば家賃や人件費、商品の仕入代金や材料費、さらに集客のためのコストなどの運転資金があります。

運転資金は、さらに2つに分かれます。家賃や人件費のような売上に関係なく支払う固定費と、仕入代金や材料費、忙しいときだけ手伝ってもらう人の人件費などの変動費があります。

コストは、項目だけで金額はまだ記入しなくても構いません。この段階では、金額がまだはっきりしていない項目が多いからです。

しかし、大まかに見てどのくらいのコストがかかるかは把握しておいたほうがいいでしょう。予算面であまりにも現実離れしたビジネスモデルでは、先に進めることができません。

●作成に当たってのポイント

・ポイント1：〝働くこと〟を〝誰かを助ける〟という視点で考えられているか

仕事とは、人々や社会の役に立つためにやるもの。だから、〝働くこと〟は、〝傍を楽にさせること〟と言われており、これが原点です。

ビジネスモデル・ビューシート全体を見渡してみて、この考え方で貫かれているかどうかを確認します。つまり、ここに書いたビジネスモデルによって、ミッションを果たすことができるかをしっかり見直します。

・ポイント2：顧客に満足していただける価値を提供しているか

顧客ニーズと課題の部分と提供価値を見比べてください。この2つの項目がきちんと対応できていますか。提供する価値によって、本当に満足していただけるでしょうか

さらに、提供価値と価値提供活動を見比べてください。価値提供活動によって、きちんと価値を提供することが可能でしょうか。

・ポイント3：この方法で本当に集客できるだろうか

お客さまがいなければビジネスは成り立ちません。集客がうまくいかなかったらビジネスを畳まざるを得ないので、〝千客万来〟こそビジネスの生命線と言えるでしょう。

チャネルの枠を見て、本当にこれで対象とする顧客層が集客できるのか、しっかり確認してください。

・ポイント４：コストで漏れている項目はないだろうか

意外に記入漏れが多いのは、コストの部分です。提供価値、価値提供活動、顧客との関係形成、チャネル、必要なソフト・ハード、協力者の枠に書かれた内容を見て、それぞれのためにどんなコストが必要かをチェックしていくことによって、記入漏れを防いでいくようにします。

以上、４つのポイントに基づいてビジネスモデル・ビューシートを見直していきます。

自分だけでなく、ご家族、対象としている顧客層に該当する人などにも見てもらって意見を聞いてください。そして、何回も書き直してください。項目をポストイットに記入して貼り付けていけば、修正も簡単だと思います。

5　どんなビジネスか30秒で表現してみる

●エレベーターピッチとは何か

ビジネスモデル・ビューシートは、１枚のシートでビジネス全体の構造が表現されていますが、もっと端的に自分はどんなビジネスを行うのかについては、短い言葉で表現したほうがより多くの人に伝えやすくなります。

ある時代のシリコンバレーでは、エレベーター内で一緒になった30秒程度の立ち話で、１００万ドル単位の投資が決まったといいます。ですから、30秒という短い時間で自社の魅力を語れることが成功要因の1つとされ、それが「エレベーターピッチ」と呼ばれるようになりました。成功している会社は、「自社を30秒で説明して魅了できる」と言われています。

私たちも自分がこれから起業しようと思っているビジネスを30秒で説明できるようにしていきましょう。

自分のビジネスの魅力を語るためには、次の3つの要素が求められます。

・第1の要素：社会のニーズや困り事に対応しているか（社会性）

人々や社会のどんな困り事やニーズに対応したビジネスかを明確にした要素です。「誰もそんなことは必要としていないし、求めてはいないよ」と思われたらビジネスは成り立ちません。自分がやろうとしていることは、本当に人々や社会が求めているのか、冷静に考えてみることが必要となります。

・第2の要素：課題解決の方法になっているか（納得性）

その方法ならば、人々が求めている困り事の解決やニーズを満たすことができると思わせるような納得性が必要です。そのことに必要な料金やかかる時間についても納得性が求められます。「いいと思うけど、その値段じゃねぇ〜」と思われないことも重要です。

・第3の要素：お金を払ってでも入手したい魅力があるか（独自性）

そんな商品・サービスだったら、お金を払って自分も購入したいという気持ちにさせるような魅力がなければいけません。しかも、今までにないような独自性があると魅力が高まります。

●３つの要素からビジネスを見直してみた！

30秒間で話すことができる文字数は、１５０～２００字程度です。ちなみに、事例で取り上げた高齢者宅への弁当配達ビジネスの場合は、次のような表現になりました。

> 食事をつくったり準備したりするのが大変な1人暮らしの高齢者のお宅に、旬の野菜などを使って季節感を感じていただき、高齢者が好むメニューや味で、毎日食べても飽きない弁当を決まった時間にお届けします。
> 弁当をお届けしながら話し相手になるとともに、離れて暮らしているご家族に安否情報をお伝えしていきます。

これを前述の3つの要素から見直してみると、第3の要素である〝魅力があるか〟という点が弱いように感じ、次のように変更しました。

> 毎日の食事を準備するのが大変な1人暮らしの高齢者のお宅に、旬の野菜などを使って季節感を感じていただき、毎日食べても飽きない弁当を、冷凍ではなく温かいまま食べていただけるようにつくって、30分以内にお客さま専用の弁当箱に入れてお届けします。
> 弁当をお届けしながら話し相手になるとともに、離れて暮らしているご家族に安否情報をお

伝えしていきます。

このようにエレベーターピッチを変更すると、ビジネスモデル・ビューシートの提供価値もこれに合わせて変更していきます。

さらに、〝温かいままお客さま専用の弁当箱に入れてお届けする〟ためには、必要なハード・ソフトも、これに対応するような準備が必要になります。

●自分のコアからビジネスを見直し！

さて、もう1つの見直しは、つくったエレベーターピッチを見て、自分がこのビジネスをすることで本当にワクワクできるかという点です。

ビジネスモデル・ビューシートの作成プロセスでは、マーケティング的な面からの検討がメインになるので、エレベーターピッチとして表現した場合、「自分のコアとはちょっと違うな…」ということになってしまう場合もあります。

そんなときは、「なぜ、これではワクワクできないのだろうか」と自問自答してみてください。

ワクワクできない要因は、ビジネスモデル・ビューシートのそれぞれの項目の中にあると思います。

とくに「価値提供活動」「顧客との関係形成」「チャネル」「必要なソフト・ハード」の部分を見直し、〝自分ができないこと・やりたくないこと〟をどうしたらいいのか、再度検討してみてください。

第7章　アクションへの転換「CoBAメソッド」の第3ステップ

第2ステップでビジネスモデルを作成したら、
それを具体化していくためのアクションを起こす。
そのためのツールをこのように活用していく！

1 「まんだらシート」による行動へのブレークダウン

●ビジネスモデル・ビューシートから行動すべき項目をリストアップ

起業したいと思っても、やらなければならないことが漠然としていて、具体的にどのように行動していいのかわからない人が多いのが現状です。

行動しなければ何も始まりません。不安ばかりが頭の中を去来します。行動すれば次の現実が見えて来るのです。

私たちは、すでにビジネスモデル・ビューシートを作成しました。ビューシートの「価値提供活動」「顧客との関係形成」「チャネル」「必要なソフト・ハード」「協力者」の5つの枠の中に書かれている項目は、行動に移さなければならない項目です。これをアクション項目としてリストアップし、一覧表を作成してみましょう。

これを見ると、すぐに行動に移せる項目と、もっとブレークダウンしなければ行動に移せない項目があります。

例えば、高齢者宅への弁当配達ビジネスの事例で見ると、「価値提供活動」の〝顧客の要望把握〟の項目、「顧客との関係形成」の〝家族ぐるみの付合い〟の項目などは、もっとブレークダウンしないと行動には移せません。そこで使うツールが「まんだらシート」なのです。

●「まんだらシート」の8つのマスを埋めていく

もともと〝曼荼羅《まんだら》〟とは、大日如来を中心にした密教の世界をビジュアルで表現したもの。これを目標設定や経営戦略の立案に活用したのが「まんだらシート」です。

有名なのは大谷翔平選手が高校1年のときに作成したという目標達成表、8球団からドラフト1位で指名されるという目標を設定し、そのために何をしていくかを9枚の「まんだらシート」にしたものです。

「まんだらシート」には、図表15、16ように1枚のシートに3×3＝9つのマスがあります。中心のマスに「達成したいこと」を記入し、周りの8つのマスには、そのために何をしたらいいのかを記入していきます。

高齢者宅への弁当配達ビジネスの〝顧客の要望把握〟という項目をブレークダウンするならば、これを「まんだらシート」の中央のマスに記入し、そのために何をしたらいいのかという方法や手段を周りの8つのマスに記入して行動に移していきます。

8つのマスのうち、すぐに思いつくのは3〜4マスくらいだと思います。でも、何とか残りのマスも埋めるよう考えていってください。無理矢理にでも考えていくと、思いがけないアイデアが出てきます。

人間は、空いている空間があると埋めようとします。「まんだらシート」は、この心理を利用したアイデアを出すためのツールなのです。8つ以上のアイデアが出たら、それも余白にメモしていっ

【図表 15　まんだらシートの概念図】

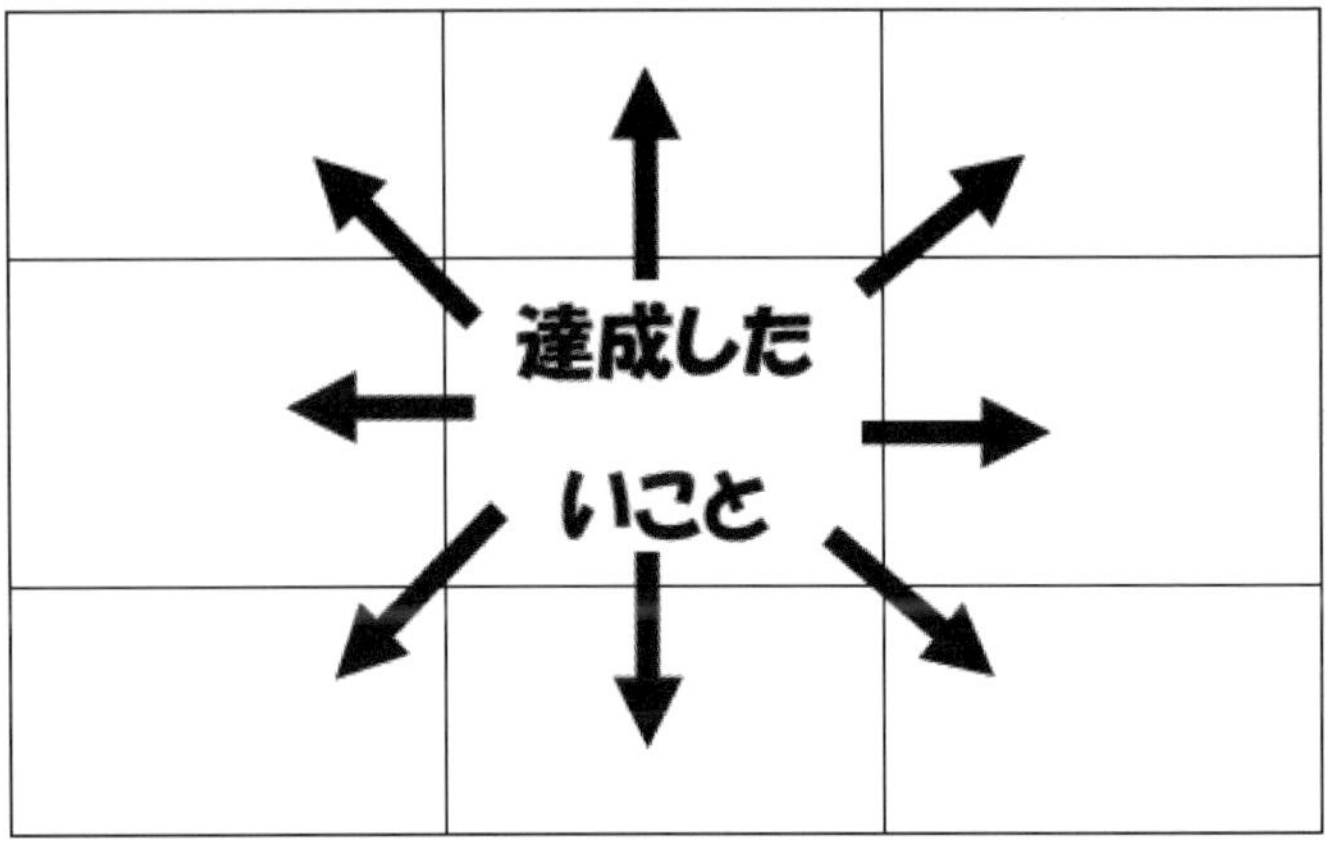

【図表 16　まんだらシートの記載例】

高令者向けのメニューの料理本で調べる	家族に独り暮らしの高令者がいる知り合い数人に聞く.	インターネットの「知恵袋」で調べる.
季節の行事毎に高令者がよろこぶメニューをリストアップする	顧客の要望把握.	他社のパンフレットでメニューを調べる
デイサービスやグループホームの職員にヒアリングする.	ケアマネージャーにヒアリングする.	他社の弁当をとっている人たちの意見を聞く.

てください。

●書き出した項目から行動していくものを選ぶ

書き出した方法のすべてをやる必要はありません。これらの中から、実際に行動に移していくものを選んでください。もちろん、全部をやっても構いません。

このようにブレークダウンすべきいくつかの項目について「まんだらシート」でやってみたあと、もう1度、行動に移すべき項目を整理して一覧表を作成してください。

2　「何を」「いつ」やるかを明確に！

●年間計画、月間計画の作成

ビジネスモデル・ビューシートを具体化するための行動項目の一覧表を作成したら、これらの項目をいつまでに行動に移すかの計画を立てていきます。

まずは、年間計画です。これを作成するには、いつ起業するのかを明確にすることが必要です。決めないで、準備ができた時点で起業しようと考えていると、現在の毎日の仕事や日常生活に流されてしまって、いつまで経っても行動に移せないということになりかねません。

例えば、3年後に起業すると決めたら、1年後までに何をするのか、2年後までに何をするのか、そして最後の3年目には何をするのかという年間計画をつくります。その際には、細かな行動項目まで落とし込まず、大きな項目だけにしておきます。

次は、月間計画です。最初の1年間の月間計画をつくります。現在の仕事をやりながら起業の準備を進めていくわけですから、今までの仕事を振り返って、それぞれの月に準備に費やすことができる時間がどの程度あるのかを考えながら、計画づくりを行っていきます。この際には、すぐに行動に移せるくらいにブレークダウンした項目を記入していくようにします。

●月間計画を毎日の日報へ落とし込む

月間計画に基づいて毎日何をやっていくのか、その行動計画を日報に落とし込んでいきます。

日報と聞くと、あまりいいイメージを持っていない方もいると思います。私もその1人でした。化粧品の訪問販売をやっていた頃、上司に日報を書かされました。その日に何軒訪問して、いくら売れたか、売れなかった家ではどんな断りを受けたのかなど、細かなことまで記入しなければなりません。どうせ訪問しても売れないからとサボってばかりいた私は、訪問件数をごまかして書き、それがバレて怒られたりしていました。だから、日報には苦い思い出ばかりが残っています。

このような私の日報のイメージを大きく変えてくれたのは、日報コンサルタントの中司祉岐氏です。彼は、日報を活用して数多くの店舗や事業所の売上をたった1年間で倍増させたという成果を出しています。私は、彼から従来とは全く違った日報のフォーマットと活用の仕方を教えてもらいました。

彼から教わったこれからご紹介する日報は、上司に見せるための日報ではありません。起業をスムーズに進めていくための自分のための日報です。ウソや言い訳を書いて、その場の言い逃れをしても何の意味もありません。

これをうまく活用すると、ビジネスを成功させる魔法のツールのようになります。そのためには、自分の気持ちに正直に書くことが前提になることは言うまでもありません。同時に、いつ書くかも重要です。

●成功は「きょうやること」を明確にしておくことに比例する！

私たちは、仕事に追われる毎日を送っています。メールの返信やら、どこそこへの連絡やら、細々とした雑務がけっこうあります。仕事だけでなく家庭のこともあります。これらをこなしていくだけで1日が終わってしまい、肝心なことが全然できていないということがあります。これでは起業の準備は進みません。

私たちは、「まんだらシート」を活用して、「やること」をリストアップしました。それを毎日の日報に落とし込むことによって、「きょうやること」を明確にするのです。これができていないと、1日の仕事の能率が格段に違ってくるだけでなく、「あれもやらなきゃ、これもやらなきゃ」と心に焦りが生まれます。

日報の目的は、「きょうやること」を明確にすること、これが第1ですが、そればかりではありません。日報にはPDCAを回してアクションの質を高めていくという目的があるのです。

3　PDCAを回してアクションの質を高める！

●PDCAのサイクルを回せばうまくいく！

「PDCAを回せ！」――この言葉は多くの人が耳にしていると思いますが、私もサラリーマン時代には、上司からよく言われました。

もともとは、生産技術や業務改善のための効果的な手法として普及していました。今では、スポーツやダイエット、肉体改造、生活の改善、語学力のアップなど、分野を問わず様々な場面で活用されています。

ご承知のように、Plan（計画）、Do（実行）、Check（評価）、Action（改善）の頭文字をとったのがPDCAであり、このサイクルをしっかり回していけば、仕事や活動がうまくいくという手法です。

計画を立て、それに基づいて行動し、その結果を振り返ってチェックして改善していく、これを繰り返していくことで仕事や活動のレベルを上げていく、問題が起きたとしても次に同じミスや問題を起こさないで済む、非常に合理的なやり方ですよね。

ＰＤＣＡという言葉を意識しなくても、私たちは日常の仕事や生活の中で自然にこのサイクルを回しています。何かやろうとするとき、「どのようにやろうか」と頭の中で計画を立て、それに沿って行動していきます。その結果を振り返って、「うまくいったな」とか、「まずかったな」と反省し、「次はこうしよう！」と考えます。これをしっかりやっていけばいいだけの話なので、難しいわけではありません。ただし、これを記録して目に見えるようにしていく必要があります。

●わかっているのになぜうまく回らないのか

ＰＤＣＡを回せばうまくいくことはわかっているのに仕事に活かそうとしない、かつての私がそうでした。ＰＤＣＡを回していても、「本当にこれで効果が上がっているのだろうか」と疑問に思っている人も多くいます。なぜ仕事に活かさないのか、なぜうまく回らないのか、それには次のような理由があるのです。

・うまく回らない理由１：ＰＤＣＡを回していくツールを活用していない

私たちは、意識しないで自然にＰＤＣＡを回していることはしばしばあります。でも、これではあまり効果がありません。頭の中だけではすぐに忘れてしまい、改善しようと思ったことを次の計画につなげていくことができないのです。

どのようにＰＤＣＡを回したのか、これをしっかり記録して目に見えるようにしていくことによって、次につながっていくのです。そのために必要なものが記録するツールです。ツールによって視覚化していく、これがうまく回していくポイントの1つです。

・うまく回らない理由2：ゴールが明確になっていない

マラソンにゴールがなかったら競技として成り立ちません。仕事の場合も同じです。ただし、マラソンのようにゴールがはっきりわからないので、ゴールを意識しないでPDCAを回そうとします。いや、回している積りになっているのです。

計画（Plan）は、ゴールに到達するために立てます。行動（Do）してそれを評価（Check）するには、ゴールに到達したか、ゴールにどれだけ近づいたかという基準が必要です。だから、ゴールが明確になっていないとPDCAがきちんと回っているのかわからないのです。

・うまく回らない理由3：なかなか続かずに途中で挫折してしまう

PDCAは、継続することが大事です。しかし、なかなか続きません。上司に出せと言われている営業日報などは、提出することが義務になっているので継続しますが、業務の改善という本来の目的からハズレてしまって、かつての私のように上司にウソを報告するようなものになってしまいがちです。

日報を継続させるためには、短時間で書くことができるようにするとともに、それを習慣にしていくようにします。毎日の活動のPDCAを回していって、アクションの質を高めていくためのツールが日報です。毎日記入することによって日々のPDCAの記録が積み重なります。PDCAサイクルがループ状につながって、くるくる回りながらアクションの質が高まっていきます。

【図表 17　シンプル型の日報フォーマットの例】

年　月　日（　）　天候		
私のミッション		
自分への質問		
質問から考えたこと		
きょうやること	やった結果、気づきやアイデア	今後に生かすこと

4　日報をどのように書いていくのか

●シンプル型とスタンダード型の日報

日報としては、シンプル型とスタンダード型とをご紹介します。使用する時期や目的によって、この2つを使い分けていきます。

シンプル型（図表17参照）は、必要最小限のことが記入できるフォーマットになっているので、日報を書くことに負担に感じる人にも抵抗感が少ないと思います。

スタンダード型（図表18参照）は、やることやその結果を時系列に記入するだけでなく、項目も多くなっています。

日報で一番大切なことは継続することです。シンプル型で日報を書くことに慣れてきたら、スタンダード型に移行するというやり方もあります。起業の準備期間中はシンプル型を使い、起業がスタートしたらスタンダード型にするというやり方もおすすめです。

【図表 18　スタンダード型の日報フォーマットの例】

月　日（　）　天候（　）　起床（　）：（　）

私のミッション

自分への質問　　　質問から考えたこと

	予　定	結　果	きょうの業務
午前			□
			□
			□
			□
			□
			□
			□
午後			起業に向けての行動
			□
			□
			□
			□
			□
			□
			□
			To Do
夜間			□
			□
			□
			□
			□
			□

気づきやアイデア	きょうの振返り

右のスタンダード型の日報のフォーマットは標準的なものです。ご自分が使いやすいように、項目や記入するスペースを考えてみてください。

●「何を」「いつ」「どのように」書くのか!

私が以前に書かされていた日報は、1日の仕事が終わったあとに書いて上司に提出していました。しかし、ここでご紹介する日報は、書く項目によって、いつ書くかが違ってきます。スタンダード型をもとに、何をいつ書くかを説明していきます。

前の日の夜には、「きょうの業務」「起業に向けての行動」「To Do」を記入します。「きょうの業務」は、今やっている仕事で明日やる業務です。「起業に向けての行動」は、起業に向けての準備で明日やることです。これらを右の欄にリストアップしたら、左側の「予定」欄の時系列に落とし込んでおきます。正確に○時○分〜○時○分と書かなくても、「何を」「いつ」やるのか、おおよその時間帯を記入しておけばいいでしょう。「○○を買う」とか、「○○に連絡する」などの「To Do」は、時系列に落とし込まなくてもいいでしょう。

次の日の朝、天候と起床時間、そして「私のミッション」と「自分への質問」の部分を記入します。起きたばかりの朝は、テンションが下がり気味な場合が多いと思います。そんなとき、「私のミッション」を記入してテンションを上げるとともに、自分は何のためにこのビジネスで起業するのかということを毎朝確認します。この欄に自分を元気づける名言などを記入してテンションを上げるようにしてもいいでしょう。「自分への質問」も朝書きますが、これについては本章の最後でご紹介します。記入し終わったら、前日の夜に書いておいた「予定」や「To Do」を確認しておいてください。起きてからの朝の時間はここまでです。

1日がスタートしたら、「予定」の欄に記入したことを実践していきます。それぞれの活動が終わったら、その都度、「結果」の欄に始めた時間と終わった時間を記入するとともに、気づいたことや浮かんだアイデアを書いていきます。後では忘れてしまうので、その都度書いていきます。

1日の活動が終わったら、記入されていることを見ながらその日を振り返り、「気づきやアイデア」の欄に、日中に書いたことを整理するとともに、それを発展させたアイデアを記入していきます。「きょうの振返り」の欄には、その日の反省点、よかった点、今後に活かす点を記入します。

ここで重要なのは、よかった点です。自分と他人を比較して満足したり落胆したりするのではなく、比べるのは以前の自分と現在の自分です。毎日、必ず成長している部分があるはずです。それを意識すると、自分に自信がつき、自己肯定感が高まります。「この年齢になって今さらそんなことを…」と思うかも知れませんが、実際に起業してみると、いつもうまくいくとは限りません。そのときに、自己肯定感を高めておくことは極めて重要なことです。

「質問から考えたこと」が上のほうにありますが、的確な回答が思い浮かばなくても、質問について考えたことを記入していきます。

シンプル型の場合も、スタンダード型に準じて記入していってください。

●毎日の手書の積重ねが重要！

さて、日報は、デジタルで打ち込んでいくのか、手書にするのかという問題です。アナログよりもデジタルのほうが便利で速いかも知れません。でも、日報の場合は手書のほうがいいのです。

手書とデジタル入力の違いが記憶に与える影響について、様々な実証的研究が行われています。その結果を見ると、記憶の正確さや記憶したことを思い出す速さでは、デジタル入力よりも手書のほうが優秀な結果を残したというのです。手書のほうが脳の言語処理に関係する部位が活発に働くようです。

何のために日報を書くのか、単なる記録のためだけではありません。問題解決に向けて自分の行動を変えるために書くのです。それには、五感に訴えて頭の中にしっかり植えつけることが大切です。

「手書では時間がかかってしまって…」という声もありますが、あまり時間をかけずに書くのが長続きさせるポイントです。手書であっても、朝は3分もあれば記入できるでしょう。活動中はその都度記入しますが、合計でも5分もあればできます。1日の活動が終わったら、その日の振返りを7分以内で記入するようにします。全部合計しても15分程度です。逆に言うならば、これ以上は時間をかけないようにします。

時間をかけないで書くといっても、項目だけ簡単に書くのではなく、とくに実施した結果については、そのときの細かなことまで書いていかないと、今後に活かすことが十分に見えてきません。

そのときの状況や自分の頭の中を文字にするという意識を持って書くようにしましょう。

年間計画、月間計画に基づいて、日報の「きょうやること」の欄にその日に実施することを書きました。そして、それを実践した結果、そこから気づいたこと、思い浮かんだアイデア、1日の振返りを毎日記録していきます。このことによってPDCAを回しています。毎日少しずつの時間を使って日報を書いていくことを積み重ねていくことによって、確実にアクションの質が高まっていくのです。

5　日報をアイデアを生み出す魔法のツールに変える

●頭を常にサーチモードにしておく！

歩道を歩いているときに、漫然と車道を走っている車を見ても「あ〜、車が走っているな」と思う程度です。しかし、次に買いたい車種をあらかじめ決めておいて車道を走る車を見ると、その車種が目に飛び込んできます。このように、人間は自分の興味のある情報や欲しい情報に意識が向かい、その情報が目に入るようにできています。これは、頭が何かを探しているサーチモードになっているからだと言われています。

頭のサーチモードを利用したのが、日報の「ミッション」の下にある「自分への質問」の欄です。ここは朝一番に自分に対する質問を書きます。例えば、これから起業する仕事のエレベーターピッチをもっとインパクトのある表現にしたいけれど、どうしても言葉が思い浮かばない。そうならば、これを「きょうの質問」の欄に書いておきます。すると、頭がサーチモードになって、インパクトのある言葉を探し始めます。

電車の週刊誌の中吊り広告、本屋にズラッと並んでいる背表紙の書名、新聞の見出し、こういうものを見るときもサーチモードになっているので、いい言葉に出会ったら頭がパッと反応します。日報の「自分への質問」の欄をこのように活用していきます。

●日報は振り返ってこそ活きてくる！

日報は書きっ放しにしていたら、その価値は半減します。週に1度は振り返ってください。毎日の気づいたことや思い浮かんだアイデアが書いてあります。それについて、もう1度考えていきます。

ある日に書いたアイデア、3日後に書いたアイデア、この2つをつなげると新たな発想が生まれるかも知れません。それを発展させれば今までにない展開が可能になるかも知れません。ただ書いているだけでは、忘れてしまうだけでなく、新たな発展や展開もできません。せっかく書いた日報を活かしていくには、振り返ることが必須なのです。

日報を振り返っていろいろな気づきやアイデアが出てきました。それを日報にしっかり書いて、いつやるのかを計画の中に入れていくことが必要です。ビジネスモデル・ビューシートの内容の見直しにつながる場合もあるでしょう。

第5章では、自分の年表から自分独自の「ルールブック」をつくることをご提案しました。日報を振り返ることによって、うまくいったときの要因、うまくいかなかったときの要因がわかったなら、それを「ルールブック」に加えると日報をさらに活かすことにつながります。

●日報には5つの効果がある！

以上より、日報の効果を整理すると次の5つにまとめることができます。

・やるべきことが明確になり、充実した1日にすることができる。
・PDCAを回す効果的なツールとして活用できる。
・頭をサーチモードにして、疑問に対する答えを導き出すことができる。
・日々の行動や観察の中から、気づきやアイデアを生み出すことができる。
・自分の「ルールブック」を新たなものにすることができる。

私と同じように、日報について嫌な思い出やイメージを持っていた方もおられたかと思います。しかし、考え方や使い方次第で大きな成果を上げるためのツールにすることができます。それは、自分の頭の中を〝見える化〟しているからです。私は、日報を活用することによって、このことの重要性を痛感させられました。「たかが日報、されど日報」です。ぜひ、日報を活かして起業を軌道に乗せて成功させましょう。

第8章　目標設定や計画づくりはどうするか

本当に目標設定や計画づくりは必要なのか
目標がノルマになって自分が縛られるのはイヤだ！
もともと、目標や計画にはどんな意味があるのか

1　ビジネスの2つのやり方

●地元の人に愛され、人を呼べる豆腐屋を目指す!

はじめにでご紹介したＩＴ業界から豆腐店を始めた店主。きっかけは、「子供たちが安心して食べられるものをつくりたい」「自分が生まれ育った町をもっと活性化したい」という願いでした。今では、地元だけでなく遠方からもお客さまが訪れる人気店になっており、自身でプロデュースした観光カフェで豆乳スープセット、がんもサンド、ツナとおからのトーストなどを提供しています。また、店の豆腐を使った料理を提供する割烹の店までできました。

最初から目標を明確にして、このようなことをやろうとしていたわけではありません。厳選した国産大豆だけを使って、地元のおいしい水で昔懐かしい手づくり豆腐をお届けしたい、もっと大豆の持っている可能性を引き出したい、この気持ちを大切にしながら柔軟な発想で商品づくりを行ってきました。その結果、評判が人を呼び寄せ、人と人とのつながりから新しい仕事へと広がっていきました。

●目標達成型と展開型の2つのビジネスのやり方

しっかりと目標を設定し、それを達成していくための具体的な計画を立ててやっていくのが目標設定型のビジネスです。多くの企業ではこのやり方が一般的ですね。起業のセミナーに行くと、目標設定型の指導がメインで、目標がないところには起業の成功はないなどと言われたりします。

これに対して、目標設定にこだわらず、目の前の人や仕事に全力を尽くす、人に好かれて頼まれ事が増えていくうちに、どんどん仕事が広がっていき、道が開けていく、これが展開型のビジネスです。先ほどの豆腐店は展開型の事例です。

目標設定型は、自分の想いを実現していこうとする積極的な自己実現型の生き方です。展開型は、仕事や頼まれたことに全力で応えていき、喜んでもらうことを最大の目的にする生き方であり、〝人事を尽くして天命を待つ〟という東洋的な生き方でもあると言われています。

第1章でご紹介した下重暁子さんの「年齢は捨てなさい」という本には、「やることだけやって、後は〝なりゆき〟に任せたいと思っています」と書いてあり、樹木希林さんも立川談志さんも同じことを言っていたそうです。〝なりゆき〟任せというと、消極的な感じがしますが、〝やることをしっかりやる〟ことが前提であり、最後は人智を超えた大きな力が決めるという意味では、私たち東洋人のメンタリティに合っているような気がします。

2　目標ではなく行動を管理していく

●押しつけられれば〝ノルマ〟、自分で決めれば〝目標〟

マーケティングの企画会社に勤務していた頃の話です。担当者ごとに毎月の売上目標が決められており、それをどの程度達成したのかを報告する営業会議が毎週ありました。私はその会議に出るのが嫌で嫌でたまりませんでした。いつも目標を達成することができないので、身体を縮めて小さな声で報告していたのです。そんな私にとって〝目標〟は〝ノルマ〟だったのであり、自分を苦しめる以外の何ものでもなかったのです。

目標を設定することが自分を苦しめることになるならば、「目標なんてクソ喰らえ！」と思ってしまいます。では、展開型のほうがいいのでしょうか。どっちのほうがいいのか悩むところですが、私は両方のバランスを取ったやり方がいいと思います。

目標は自分を縛るものではなく、自分で成功した状態に達したかどうかを判別できる指標であり、それを達成しようというモチベーションが湧くようなものであると考えるのです。

例えば、年間の売上目標を決めて、それが達成できたならば、買っていただいたお客さまの人数を思い浮かべながら、その笑顔を頭の中に描きます。それによって得られた収入によって、自分や家族の喜んでいる姿を想像するのです。

目標とは、それを実現したときの場面をイメージし、そのときの感情を体験できるようにするための手段なのです。

●目標を行動にブレークダウンしたらいったん目標を忘れる！

目標を設定したら、それをどのように達成していくのかという行動を決めていきます。

例えば、年間の売上目標を設定したならば、その目標のためには客数は何人必要か、その客数を確保するには、どんな宣伝活動や営業活動を行っていくのか、毎日何をどのくらいやればいいのかというように行動にブレークダウンしていきます。

これができたら、目標はいったん忘れてください。次にやることは、目標管理ではなく行動管理です。目標が「達成できたか、できなかったか」ではなく、行動を「やったか、やらなかったか」です。

そして意識することは、目の前の人や仕事に全力を尽くすこと、その場、その場で自分が提供できる最大限の知恵や知識を惜しみなく与えることです。つまり、展開型の考え方で仕事を遂行していくのです。これが目標設定型と展開型のバランスを取ったやり方なのです。

3　どのように目標を設定していくか

●目標設定の「ＳＭＡＲＴ」の法則

目標の設定には、次のような５つの要素が必要であり、その頭文字をとって「ＳＭＡＲＴ」の法則と言われています。

・Specific ＝具体的、明確な目標にする
・Measurable ＝数値で測れる目標にする

・Agreed upon ＝自分でやりたいと心から思える目標にする
・Realistic ＝実現可能な目標にする
・Timely ＝期限を決めた目標にする

横文字で表現されるとカッコよく見えますが、ポイントは次の２つですので、横文字を覚えるよりも、このことをしっかり頭の中に入れておきましょう。

●目標設定で重要な２つのポイント

自分が納得せずに他から押しつけられた目標、これを何と呼ぶか、もうおわかりですよね。目標設定で重要なポイントの１つ目、それは「自分が本当に納得し、心からやりたいと思う目標にすること」です。目標とは、やろうというモチベーションを高めるものですから当然のことです。したがって、とても実現できないことを目標にすることはないでしょう。かといって、簡単に達成できる目標では、モチベーションを高めることにはつながりません。

ポイントの２つ目は、「評価できる数値と期限を決めること」です。目標とは、自分で成功した状態に達したかどうかを判別できる指標ですから、客観的に評価できる数値で表されていることが必要です。主観的な評価はどうしても甘くなり勝ちになります。

また、「いつまでに」という期限がない目標は、単なる願望や夢に過ぎません。期限を区切ることは目標設定の不可欠の条件です。

4　目標達成に向けた事業計画書づくり

●何のために事業計画書が必要か

起業融資を受けるためには事業計画書の作成は必須です。しかし、そうでない人にも事業計画書の作成をおすすめしています。

最初は「面倒だな…」という顔をしていた人も、実際に作成してみると、「自分の考えていたことが整理され、頭の中がすっきりしました」と言う人が多いのです。何のために事業計画書が必要かという答えはここにあるのです。

事業計画書を作成することによって、事業をやる目的や環境、具体的な商品・サービスと販売方法などとともに、売上目標を設定し、それに向けての収支計画、当初の必要資金などの数値に落とし込んでいきます。作成することによって自分の考えが整理され、その過程で不十分な点や矛盾している点が明らかになるので、自分のために必要なものです。また、日本政策金融公庫などの金融機関などから融資を受ける場合だけでなく、協力者や家族の理解を得るためにも必要なものです。

●事業計画書は６つのパーツで構成する

経営計画書の作成は、第6章で紹介したビジネスモデル・ビューシートに書かれている内容がベースになります。それを踏まえて、次の6つのパーツで構成します。

①第1のパーツ＝この事業をなぜやるのか、想いを伝えるパーツ
②第2のパーツ：事業を取り巻く環境や社会的背景についてのパーツ
③第3のパーツ：提供する商品・サービスについてのパーツ
④第4のパーツ：販売チャネルや集客方法、販売方法についてのパーツ
⑤第5のパーツ：必要な資金と調達方法についてのパーツ
⑥第6のパーツ：売上目標と収支計画につてていのパーツ

それぞれのパーツでどんなことを書いたらいいのか、次に具体的に説明していきます。

5　事業計画書には何を書いたらいいのか

●第1のパーツ：この事業をなぜやるのか、想いを伝えるパーツ

誰に対してどのような価値を提供するのかを明らかにし、なぜ、そのような事業をやろうと思ったのか、その想いや社会的な意義を伝えるパーツです。

今まで度々その重要性についてご説明してきたミッションは、このパーツに書いていきます。自分自身の経歴やプロフィールもここで紹介していきます。

この部分が弱いと人を動かすことはできません。自分の想いの丈を熱く語るパーツです。金融機

関から融資を受ける場合は、とくにこの部分については相手の目を見て情熱を込めて話すよう相談者にはアドバイスしています。

●第２のパーツ：事業を取り巻く環境や社会的背景についてのパーツ

この事業が求められている社会的な背景は何か、市場規模の大きさはどうか、今後、市場はどのように変化すると予測されるか、どんな競合他社がいるのか、競合他社の事業展開方法や動向はどうか、自社の強みは何か、競合他社と比較した場合の優位性はどこにあるか、といったようなことを可能な限りデータをもとにまとめていきます。

●第３のパーツ：提供する商品・サービスについてのパーツ

どんな商品・サービスを提供するのか、飲食店ならばメニュー構成は、価格やネーミングは、商品パッケージは、ターゲット層の消費傾向や購買頻度は、セールスポイントは、商品開発や仕入方法・仕入先はなどについて具体的に説明していきます。商品やメニューの写真もあったほうがいいでしょう。

●第４のパーツ：販売チャネルや集客方法、販売方法についてのパーツ

店舗販売ならば、店の立地場所は、広さは、席数は、レイアウトは、必要な設備・備品は、宣伝方法は、集客方法は、何人体制でやるのか、役割分担は、駐車場は確保できるか、どこからどんな人たちが集まりやすい場所か、近くの競合する店はあるかなどを記述していきます。店の場所を示す地図も必要です。

無店舗販売ならば、どんな手段でターゲット層に情報を伝えるか、どのように集客していくか、どのように商品やサービスをお届けするのか、継続して商品・サービスを購入してもらう方法はなどの記述が必要です。

●第5のパーツ：必要な資金と調達方法についてのパーツ

店舗販売ならば、店舗を確保するのに必要な敷金や権利金などの資金、店舗の内装費、必要な設備や備品の資金などのスタート当初に必要な資金、商品の仕入代金、家賃、人件費、水道光熱費、通信費、広告費などの運転資金をどの程度用意しておけばいいのかなど。

無店舗販売ならば、商品・サービスの開発の資金、情報を伝えるための資金などのスタート当初に必要な資金、商品の仕入代金、商品配送費、通信費、広告費などの運転資金をどの程度用意しておけばいいのかを明確にしておきます。

事業をスタートさせて、最初から売上が見込めるとは限りません。そのため、最初に運転資金は3か月分用意しておくのが一般的です。ただし、業種や事業の形態によって変わってきますので、自分の場合はどのくらいの運転資金を用意しておけばいいのか厳しめに検討しておきましょう。

事業を始めるに当たっては、以上のような設備などのための当初の資金と運転資金が必要ですが、どのように調達するかを決めておきます。資金調達の方法は自己資金と融資が考えられます。

シニアの起業の場合は、融資は受けずになるべく自己資金で賄いたいものです。ただし、自己資金を当初の設備資金などに使ってしまって運転資金の余裕がないと、事業がスタートして売上が思うように上がらない場合、たちまち運転資金に窮してしまいます。そのときになって金融機関に融資の申込みをしても、なかなか融資を受けられない現実があるので、この点も留意しておいてください。

●第６のパーツ：売上目標と収支計画についてのパーツ

まずは、初年度の売上目標を設定し、目標達成に向けて毎月の収支計画を立てます。

収入は、１か月の売上＝客単価×客数×１か月の営業日の式で求められます。この数字は、希望的数字ではなく、実現可能な数字にすることがポイントです。

支出は、売上原価、家賃、人件費、水道光熱費、宣伝費、通信費、その他（金融機関から借入する場合は、支払利息も含む）のような費目が考えられます。

５年間の計画とし、２年目以降から５年目は年単位の収支計画をつくっておきます。売上と入金の時期がずれる場合は資金繰り表が必要です。事業はキャッシュが切れてしまったら、そこでアウトですから…。

●事業計画づくりは起業準備の大きなヤマ場の1つ

起業の準備には3つの大きなヤマ場があります。第1のヤマは、自分のコアの発見とビジネステーマの設定。第2のヤマ場は、ビジネスモデル・ビューシートの作成。第3のヤマ場は、事業計画づくりです。

事業計画書に書く項目を見て、「大変だ!」と思うかも知れません。いろいろと調べることがあるので、作成には時間がかかりますが、作業そのものは楽しく進めましょう。だって、自分の第2の人生の夢を現実のものにするための作業ですから…。

事業計画を完璧につくろうと思うと、時間がいくらあっても足りません。真面目な人ほど完璧を目指して時間を費やしてしまい、いつまで経っても「今、準備中です」という状態から脱することができなくなります。

事業計画で押さえるべきポイントは、収支計画の妥当性と集客です。設定した売上が本当に実現可能な金額なのか、必要経費はこれだけで足りるのかという収支計画の妥当性について、様々な角度から検証してみましょう。

次は集客です。この方法でターゲットとしている人たちを集めることができるだろうか、店舗販売ならばこの場所でお客さまは来店してくれるだろうか、じっくり考えてみてください。

人が集まりやすい場所は家賃が高いので、準備する資金とのバランスを考慮しなければなりません。

第9章 もしも計画どおりにいかなかったら

もう、この歳での起業の失敗は許されない。
計画どおりにいかなかったらどうしよう。
そんなときの対処の仕方で起業の成否が決まる！

1　計画どおりにいかなくても焦ることはない！

●起業家の本当の仕事のスタートは

「セールスは断られたときから始まる」という言葉がありますが、起業の場合も計画どおりにいかなくなってからが本当の仕事のスタートだと考えたほうがいいでしょう。

今までとは違った新しい世界で活動を始めたのですから、様々な角度から検討して計画を立てたからといって、最初からうまくいくとは限りません。実践してみて壁にぶつかったら、そこから学んで次に進めばいいのです。

計画どおりにいかなかったり、トラブルが発生するのを「やるな！　というサイン」と思うのではなく、「本気かどうかが試されている」ととらえるのです。立ち止まって考えるための時間が与えられたと思うことです。毎日の結果を見て一喜一憂していたら、溜まるのはストレスばかりです。

売上計画などは、1か月単位で見直していくようにします。ただし、行動については、日報に基づいて毎日見直して、今後に活かしていきましょう。

●試行錯誤に比例して成功の確率が高まる

エジソンが白熱電球を発明したときの有名な話。来る日も来る日も失敗を繰り返して、ようやく成功したエジソンは、「あれだけ失敗したのに諦めなかったのはなぜですか」と聞かれて、「私は失敗したことはない。ただ1万通りのうまくいかない方法を見つけただけだ」と答えたという話です。

電話でアポイントを取る営業をしても、何度も何度も断られているばかりだといい加減嫌になってきます。これも考え方によって気持ちは変わってきます。

電話営業でアポが取れる確率は50件に1件だとすると、49件断られても1件は成功する。だったら49件は断られてもいいわけになります。断られる度に成功する1件に近づいてくる、こう考えると、断られても気持ちが萎えることが少なくなります。

試行錯誤を繰り返し、うまくいかない方法を早く発見して、すぐに改善していく。このスピードが速ければ速いほど成功に近づくことができます。うまくいかないといって、落ち込んでいるヒマなんてないのです。行動とスピード、常に前を向いていくメンタル、これが成功への近道です。

失敗とは、試行錯誤の途中で諦めてしまうことです。計画どおりにいかないのは、成功へのプロセスだと考えましょう。

2　お客さまができればうまく回り出す！

●「お客さまは神様」の本当の意味とは

起業してお店を始めた人を訪ねることがあります。うまくいかずに悩んでいる人もいます。何が一番つらいかと尋ねると、「店を開けていて、お客さまが1人も来ないときです。これほど惨めな気持ちになることはありません。だから、たった1人でもお客さまがお見えになると、その方が神様に見えるのです」と答えが返ってきます。

「お客さまが神様に見える」――実感のこもった言葉です。お客さまが来店してくれなければ、買ってくれなければ売上はありません。売上をもたらす集客こそ事業のキモです。お客さまができれば、事業はうまく回っていきます。だからこそ、集客が事業成功のための一番のポイントになるのです。

金融機関が起業融資をする場合は、事業計画書の収支計画の妥当性と集客の部分をしっかりとチェックします。この2つのどちらが大切かというと、やはり集客です。集客ができれば計画どおりの収支計画の実現につながっていくからです。

●開業前にお客さまをつくってしまう！

ひどい肩こりに悩んでいた女性が、あるマッサージを受けて生まれ変わったように苦しみから解放されました。私のように悩んでいる人たちの役に立ちたいと、そのマッサージの施術方法を習いに行き、長い期間をかけてようやくマスター、自宅の1室を改装してサロンを開業することにしました。

試しに何人かの知人・友人に施術してみると、「早くオープンしてよ。私絶対に客になるから…」と大好評。開業前にお客さまができてしまい、チラシに彼女たちの施術を受けた体験談を載せました。開業してから、「さぁ、集客を…」と考えるのではなく、その前から評判が広がって、お客さまが絶えることのないサロンになっています。

開業前にお客さまをつくってしまう。このように先手、先手を打っていくと、後が非常に楽になります。飲食店としてオープンする前に、お客さまづくりのために、自宅で店に出すメニューを食べてもらったという例もあります。

第6章で、商品・サービスの開発プロセスでモニターにヒアリングしたほうがいいという話をしました。モニターの意見を聞いて改善して納得してもらったら、その段階でお客さまになってもらうことも考えてみてください。

3　「何をやったか」よりも「どうやったか」！

●あれもやった、これもやった、でもダメだった！

「チラシもやりました。ブログも、メルマガも、LINEもやりました。でも効果はありませんでした」。店主からこんな声が聞かれます。よく聞いてみると、チラシは1000枚程度を新聞折込み、ブログやメルマガなどは、1か月に数回程度で、しかも効果がないと3か月でやめてしまったとのこと。これで効果を期待するのはムリな話です。折込枚数や発信回数、期間があまりにも少ないのです。

「あれもやった。これもやった」という前に、果してこれで対象となる人たちに伝わるのか、自問自答してみることが必要です。

折込みをしたというチラシを見せてもらいました。「この商品は、こんな機能や特徴があって…」と商品のことばかりで、お客さまからの視点がないのです。

「商品・サービスとは何か」について、もう1度考える必要があります。お客さまの悩みや困っていることを解消する、お客さまの求めている未来を実現する、これが商品・サービスでしたよね。お客さまにとってどんな価値があるのか、これを伝える手段としてチラシなどの媒体があるのです。そのような内容になっているのか、効果がなかったと嘆く前に、これをやって欲しいのです。

●ゴールは生涯顧客づくり

ある繁盛店の店主は、「商売の醍醐味とは何ですか」という質問に対して、「お金を儲けることも嬉しいけど、お客さまと親しくなって、生涯付き合ってもらうことだよ」と答えていました。ビジネスのゴールは、生涯顧客づくりだと思います。そのためには、お客さまの役に立つ情報を提供し続けること、お客さま同士の交流の場をつくることが大切です。

交流の場として会員制度があります。ある自転車店は、会員制度を導入して定期的に自転車によるツーリングを楽しんでもらっています。このように、交流のためのイベントを行うほかに、ネット上に会員ページを設置して交流してもらう、ニュースレターにお客さま交流コーナーを設けるなどの方法が考えられます。

生涯お付合いいただくには、お客さまとの〝絆〟を強めていくことです。〝絆とは、糸の半分ずつを持ち合っていつも相手のことを想うこと〟、これが私の考えた〝絆〟の意味です。つまり、〝絆とは愛〟、生涯顧客づくりとは、相手に対する愛の気持ちで日々の仕事をしていくことではないでしょうか。いかにお客さまと長い付合いをしていくか、このことを考えると楽しくなりますよね。

「何をやったか」よりも「どうやったか」を考える。その際のポイントは、常にお客さまの立場に立って喜んでもらうにはどうやったか、役に立つにはどうやったか、このことを考え続けることが集客につながり、生涯顧客づくりに結びついていくのです。

4　起きたことと感情を切り離す

●起きたことを悩んでいても解決しない！

売れない店主に限って、「また来店客が減ってしまった。どうしよう」と心配ばかりしています。しかし、いくら心配しても来店客が増えるわけではありません。心配するヒマがあったら、対策を考えたほうがよっぽどいいのですが、「頭ではわかっているけど…」とやっぱり心の中は変わりません。どうしたらいいのでしょうか。

今も多くの人に読み継がれているスティーブン・コヴィー著の「七つの習慣」、私も20年くらい前に読みましたが、この本の中で一番印象に残っている言葉、それは「状況に対して反応的な言葉ではなく、主体的な言葉で対応する」という1節です。

「来店客が減った」という状況に対して、反応的な言葉は「困った、どうしよう」です。一方、主体的な言葉は「対応策を考えてみよう」となります。つまり、起きたことと、それに対する自分の感情を切り離して考えることです。

ところが、私たちは、つい感情に走ってしまいがちです。そうならないためには、自分を見つめるもう1人の自分を想像して、客観的な立場から状況を考えることが必要だと思います。とはいっても、なかなか難しいですが、訓練だと思ってやってみましょう。

●事実として受け止め、チャンスに変える！

人生もビジネスも想定外の連続であり、それにいかに対処できるかで起業の成否が左右されます。「よくないことが起こったらどうしよう…」と心配しながら仕事をしていくのか、あるいは「起こったことをあれこれ考えても始まらない。すべてを受け止めよう」と考えるかで、心の状態は全く違ったものになります。

起業家は、「自分のメンタルを常によい状態に保つこと」が一番の仕事なのです。

困難や問題にぶつかったとき、その状況をどのように切り抜けていくか学ぶチャンスだとポジティブにとらえること、これが起業家に最も必要なマインドです。

自分が育てた起業家の中から何人もの上場企業の経営者を輩出しているコンサルタントの福島正

仲氏は、〝問題が起きたら「チャンス!」と叫べ〟と教えています。実際にやってみると、落ち込んでいた気持ちが前向きに変わっていくから不思議です。

5　状況によっては撤退も…

●ズルズルいってしまうと致命傷になりかねない

第2章で、売上が思うように上がらず、老後のために取っておいた退職金に手をつけてしまい、あげくの果には退職金も底を尽き、老後の生活に窮することになってしまったというケースもあることをお伝えしました。あらかじめ、どういう状況になったら撤退するかを決めておけば、致命傷になる前に手を引くことができます。

退職金を自分の分、奥さんの分、子供の分と分けて、事業は自分の分だけで何とか賄うというやり方を取っている人もいます。この場合、起業に注ぎ込める資金を決めておき、それが尽きたら撤退するという基準づくりを行ってスタートするので、致命傷にはならずに済みます。

資金が尽きたら金融機関から借入してでも継続したほうがいいという考え方もありますが、この段階での融資は非常に厳しいのが現状です。事業を始める前ならいざ知らず、すでに売上が上がっていないという結果が出ています。ここで融資をしたからといって売上が好転する保証はないと金融機関は判断するのです。仮に融資を受けられたとしても、売上が上がらなければ、借り入れだけが残ってしまいます。

●何が問題だったかによって撤退の判断も変わる

何が問題で売上が上がらないのか、それには大きく2つが考えられます。1つ目は、価格も含めた商品・サービスの問題です。2つ目は、商品・サービスの伝え方の問題です。撤退すべきかどうかを判断する場合、より大きいのは商品・サービスのほうの問題です。

商品・サービスがお客さまに受け入れられないから売上が上がらないのです。では、なぜ受け入れられないか、それには2つの要因が考えられます。

1つ目は、その商品・サービスをお客さまや社会が必要としていないからという要因です。「こんなものがあれば便利だろうな」「こんなものがあれば楽しいだろうな」と思っていたのは自分だけで、お客さまとっては「べつに〜」という商品・サービスならば売れるわけはありませんよね。

2つ目は、すでに似たような商品・サービスが存在しており、新たに自分たちが入り込む余地がないという場合です。あるいは、後から出てきたけれど、資本力がある会社が大々的に宣伝しているのでそちらに取られてしまったというケースです。このように、商品・サービス自体が受け入れられない、あるいは見向きもしてくれない、これは致命的になる可能性が非常に高いので撤退を考えるべきでしょう。

2つ目は、ターゲットとなるお客さまに商品・サービスが伝わっていないという問題です。せっかくいいものを提供しているにもかかわらず、そのことが知られていないならば、売上にはつながりません。伝わっていなければ、しっかりと伝えるための行動をとればいいのですから、こちらのほうは致命的とは言えません。

ただし、資金が底を尽きかけているにもかかわらず、宣伝や告知に資金を投入し続けると、致命傷になる可能性があります。したがって、いかにコストをかけずに行うかを考える必要があります。そのために活用するのがＳＮＳなどのネットであり、ネットでの情報拡散をしてくれる協力者の存在です。

店舗販売の場合には、店の立地条件という３つ目の問題もあります。商品やメニューがよければ立地は問題ないという人もいますが、立地がよくないために泣きをみている飲食店が多いのも現実なのです。実際に営業してみて、この立地では無理と判断したならば、撤退も考えるべきでしょう。

起業したからにはあなたは経営者です。会社員だったときと違って、全部１人で決めてやっていかなければなりません。でも、撤退すべきかを考える場合は、客観的な目で見てくれる相談者がいると心強いし、的確な判断につながる場合が多いのです。

囲碁の世界には「岡目八目」という言葉があります。囲碁を打っている本人たちよりも、傍から見ている第三者のほうが碁盤上の戦局を的確に判断できるという意味で使われます。事業の場合も同じです。客観的に事業内容を見ることができる第三者の意見を求めることが必要です。

そんな人が身近にいない場合は、地域の商工会や商工会議所に相談するのもいいでしょう。経営相談や起業相談の担当者は、多くのケースを見てきているので、的確なアドバイスをしてくれると思います。

会員でなくても相談に乗ってくれるところが多いと思いますので、問い合わせてみてください。

●撤退しても人生は続く

起業がうまくいかなくて撤退すると、「もう自分の人生は終わりか！」と思ってしまう人もいますが、人生はまだまだ先があります。そのため、これからの人生に悪い影響を及ぼさないような撤退の仕方を考えることが必要です。

撤退したならば、取引先やお客さま、一緒に仕事をしてきた人たち、そして家族に迷惑をかけることになります。取引先などに金銭的なことで迷惑をかけたならば、その償いもあるでしょう。多くの商工会や商工会議所では、このような相談にも乗ってくれると思います。

何よりも大切なことは、このような人たちに礼を尽くすことです。失敗したときこそ、その人の真価が表れると言われています。迷惑をかけた人からも、「これからもあの人と付き合っていこう」と言われるような撤退を考えることが求められます。

第10章　時間を制する者がビジネスを制する

起業したら、すべての時間管理は自己責任となる
時間管理がうまくいかなければ結果に跳ね返る
でも、効率だけを追求すればいいものではない！

1　時は命なり＝Time is Life

●行動管理＝時間管理＝人生管理

サラリーマン時代の私は遅刻の常習者でした。1〜2時間遅れるのではなく、5〜6分の遅刻なのです。こんな短かい時間の遅刻でも3回になると1日の欠勤扱い、その分給料が減らされました。こんな私にとっては、文字通り、Time is Money＝時は金なりでした。

そんな私が、時間管理についてモノ申していることをサラリーマン時代の知人が知ったら、きっと呆れ返ると思います。

第1章で、私たちには、今まで働いてきた時間よりも長い、60歳からの時間があることをご紹介しました。その時間は何と約9万時間、気の遠くなるほどの長さです。この時間を惰性で生きるのか、それとも、本当に「やりたいこと」を通して人に喜ばれ、心から「やり切った」という充実感で人生を終えることができるのか、時間管理にかかっているのです。

毎年、大晦日になると、「今年ももう終わりか、時間の流れは速いものだ」と実感しますが、実は時間は流れていないのです。存在しているのは「今」という時間しかなく、「今」が連続しているだけです。何かが移動していることを「時間の流れ」と言っているのです。したがって、時間管理とは、「今」をどのように行動するのかが問われており、「今」の積重ねが私たちの人生なのです。

だから、行動管理＝時間管理＝人生管理ということになるのです。「今」を生きている命そのものが時間、まさにTime is Life＝時は命なりです。

●目標やミッションは「将来」ではなく「今」を変えるもの

私が会社を辞めて独立起業して一番変わったと感じたもの、それは時間でした。サラリーマン時代は、急病などよっぽどなことがなければ遅刻はしても会社には行きました。行けばそれなりに仕事をしました。ところが起業すると、朝寝をしていても、気分が乗らなくて何もしなくても怒る人はいません。ある意味では自由気儘なのです。すべて自己責任になります。

私が起業した理由の1つは、会社の時間に縛られたくないということでした。確かにその希望は叶いましたが、逆に、これは大変だと思うようになりました。意思が強くないと自分を律することができないのです。では、意思が強くなければ自分を厳しく律しなければならない起業は難しいのでしょうか。

私たちは、ミッションや目標を設定しました。ミッションや目標は将来のためにあると思っています。しかし、将来は「今」の行動を変えなければ達成できません。つまり、将来ではなく「今」を変えるためにミッションや目標があるのです。

自分を律して「今」の行動を変えていくもの、それは意思の強さよりもミッションや目標に対する想いなのです。とくに自分は何のためにこのビジネスをやるのかというミッション、これこそが最も重要なものであると言えるのです。だから、毎日の行動管理＝時間管理のためにもミッションを常に意識することが必要なのです。そのために、日報にミッションを書きましょうと提案したのです。

2 朝がよければすべてよし

●倒産するような会社の社長は朝が遅いという共通点が…

「メザシの土光さん」と呼ばれる質素な暮らしをしていた土光敏夫さん。彼は、どんなことがあっても毎日7時出社を貫き、このことは社長になろうと、会長になろうと同じだったそうです。経営コンサルタントとして有名だった船井幸雄さん。彼は、毎朝4時に起床して、朝の時間も仕事や本の執筆に当てていたそうです。

大企業の役員クラスは、ほとんどの人が朝型であり、早起きして物事を先へ先へと見通していく先見性を身につけているので、それが経営判断にも役に立っているというのです。

逆に、倒産するような会社の社長は、揃って朝が遅いという共通点があったという話を聞いたことがあります。いわゆる〝重役出勤〟しているような役員が多い会社はダメだということでしょうね。

アメリカでは、朝食を一緒にとりながらの「ブレックファースト・ミーティング」を行うビジネス・エリートが多いとのことです。日本でも「朝飯会」というのがありますね。起業した人の中にも、朝早く起きて会社に行く前に起業の準備をしたという例が多くあります。早起きの人たちは、「早く起きて無駄なことはない。時間に余裕を持てるので、精神的に安定する」と話しています。

●体内時計は朝型にできている！

「そうは言っても自分は夜型だから朝は弱くて…」という人もいると思います。実は私もそうでした。周囲が暗くならないと企画書が書けなかったのです。そのせいもあって遅刻が多かったのです。そんな私でも、起業してからは朝型になりました。長い間、「夜にならないと仕事が進まないし、能率も上がらない」と思っていましたが、〝慣れ〟の問題だと気がつきました。

人間は、太古の昔から、太陽の動きや地球の自転などの影響を受けながら生きてきました。そのため、自然に脳の中に体内時計がプログラミングされているというのです。私たちの祖先は、日の出とともに起き出して、暗くなると寝るという生活を何万年も続けてきたのです。電灯で明るくなり、夜も昼間のように仕事ができるようになったのは、エジソンが白熱電球を発明してからなので、まだ150年も経っていないのです。

私たちは、このような体内時計を持っているので、朝早くから活動するのは理にかなっているのです。しかし、早ければ早いほどいいのではないというのです。体温やホルモンなどが決まったリズムで調整されているので、起床後2時間くらいから脳が活発に動き始めるというのです。したがって、7時に起床するならば、9時頃から脳の働きが活発になるというわけです。

●朝の習慣で身体や脳をシャキッとさせる！

起床したら一連の行動を習慣にしておくと、身体や脳がシャキッとし、その後の集中力も高まります。

まずは、朝一番の太陽の光を浴びること、これによってセロトニンというホルモンが分泌されます。「幸せホルモン」とも呼ばれており、幸福を感じやすくなる効果があるとともに、セロトニンが生成されると気分の安定が期待できるというのです。太陽の光を浴びるために、私はイヌの散歩を朝やるようにしています。曇っていても太陽は出ているので、光を浴びる効果はあるそうです。

次は、シャワーです。お湯と水のシャワーを交互に浴びると、たとえ眠気があってもすっ飛んでしまいます。その後は、ストレッチやスクワットなどの軽い運動がいいでしょう。朝は軽い運動にとどめておいて、汗をかくような運動は避けたほうがいいようです。

朝早い時間の軽い運動の後は、夜の3倍にも匹敵する集中力が得られるとも言われています。昔から「早起きは三文の徳」という諺があるように、朝を制する者は1日を制するのです。と、朝に極めて弱かった私が言っているのですから、自分の変化に驚いています。

3　集中力を高める時間術

●仕事は「初動の４分間」で決まる！

私は今、この原稿を書いています。今すぐやらなければならない仕事ではないので、「きょうは原稿書きに集中するぞ」と思っていても、テレビをつけてみたり、メールのチェックをしたりして、なかなか取りかかる気持ちになりません。私にとって原稿を書くのは、取っつきにくい仕事なのです。そうこうしているうちに、「明日にしようか」ということになってしまいます。「あいだみつお」の「そのうちそのうち、弁解しながらひが暮れる」という言葉のようになっている自分がいるのです。

やらなければと思いつつ、なかなか手がつかない仕事をどうするか。嫌がる自分を「ちょっとだけやって終わりにしよう」と騙して、試しに4分間だけやってみると、一気にその仕事のモードに入るというのが、心理学者のレナード・ズーニンの「初動の4分間」の考え方です。4分間やってみて、嫌になったらやめてもいいというのですが、いったん始めてみると最初の躊躇がウソのように消えてしまうのです。

気乗りがしない仕事は、まず手をつけてみる、そうすればスイスイ進みます。その昔、松戸市に「すぐやる課」という部署がありましたが、気乗りのしない仕事こそ「すぐやるか！」で乗り切りましょう。そのために私は、机の前に「初動の4分間」と書いた紙を貼っています。

●仕事は90分単位で組み立てる

私たちの集中力はどのくらい持続するのでしょうか。脳は、ブドウ糖をエネルギー源にしており、ブドウ糖は蓄積することができないので、使い果たしたならば、脳を休ませてエネルギーが補充されるのを待ったほうがいいと言われています。その持続時間が90分なのです。その時間がきたら10

分程度休憩します。

仕事に乗ってきたら、そのまま続けたほうがいいのではないかと思われるかも知れませんが、時間がきたらいったん休憩をとって、再び取りかかってもすぐに休憩前のモードに入ることができます。休憩中に新しいアイデアが湧いてきたりすることもあります。休憩時間には、身体を動かしたりして気分転換を図りましょう。いずれにしても、イスにずっと座りっ放しになることは避けるようにします。寿命も短くなるそうですから…。

集中力を高めるために音楽を利用する方法もあります。自分の好きな音楽を聞きながら仕事ができればいいのですが、好きな場合はやっぱり音楽のほうに気を取られてしまいます。集中して仕事をするには、クラシックのピアノ曲がいいと言われています。私はショパンのピアノ曲のCD集を聞きながら仕事をしています。ショパンには大変申し訳ないのですが、仕事に集中していると何の曲が流れているのか全くわかりません。かといって、聞いていないのではなく、音楽がないと落ち着かないのです。

●デッドラインを決めておけば集中力が高まる!

マーケティングの企画会社に勤務していた頃の話です。夕方、クライアントの会社に行くと、「この企画書を明日の朝イチまでにお願いね!」と言われることがしばしばでした。「さぁ大変!」、クライアントの言うことは絶対ですから、今夜中に徹夜してでもやらなければなりません。このように「いつまで」と期限を区切られると、「何としてでもやる！」という覚悟ができ、踏ん張る力が出てきますね。

デッドライン、つまり期限や締切りが決まっていると、私たちはそれに向かって集中力を発揮します。これがないと、ダラダラといつまで経っても終わりません。起業すると、緊急の仕事以外はこのようになりがちです。だから、期限や締切りを決めておくのです。「〇〇日まで」という日の単位とともに、「〇〇時までにやる」という時間単位の締切りにすると、より集中力が高まります。決めたら、それを日報の予定欄に記入しておきます。

この仕事は、何日でやるか、何時間でやるか、おおよその目安がないと締切りをいつにするか決められません。そこで役に立つのが日報です。結果を記入する右側に、実施するのに要した時間を書くようにします。過去の日報を見れば、仕事の種類や量に応じた所要時間がわかるので、締切時間を決めやすくなります。

4　このための時間は必ず取っておく！

●必ず取っておくのは情報収集の時間

・これは一体どういうことか

・それをやることは適切か

・いつやったらいいのか
・どのようにやったらいいのか
・それについては誰に聞けばいいのか

仕事をやっていく上で、このような疑問はつきものです。会社に勤務していた頃とは違って、自分1人で対処しなければなりません。だから、今まで以上に情報収集が大切です。

情報収集には、本、雑誌や新聞を読む、ネットで調べるなどの方法があります。ネットを利用すれば、幅広い領域の情報を短時間に調べられると思いますが、体系的な知識や情報を得るには、やはり本が一番でしょう。意識して読む時間を確保しないと、買った本が〝積んどく〟状態になってしまいます。週ごとに読む本を決めておき、いつ読むのか、日報に記入しておくといいでしょう。

情報収集のための時間として利用したいのが〝すきま時間〟です。〝すきま時間〟の代表的なものが移動のための時間です。電車で移動するならば、そこを読書ルームにすればいいでしょう。車での移動の場合は、本を読むわけにはいかないので、勉強したい情報を耳で聞くオーディオルームにするのがいいですね。1日に30分であっても、年間300日とすれば150時間、丸々6日分になります。「たかが〝すきま時間〟、されど〝すきま時間〟」です。

●人に会って話を聞く時間はきわめて重要

本やネットによる情報収集とは違って、直接人に会って話を聞くことは、生の情報を得る貴重な機会です。話を聞く相手は、すでに起業している人、これから起業する仲間、商品開発やマーケティングなどそれぞれの領域の専門家、自分のビジネスのターゲットと想定される人たち、自分のビジネスに協力してもらえるような人たち、いろいろな人たちが考えられます。あるときに偶然会えるかも知れません。こんな人に会いたいと意図して出会いを求めることもあるでしょう。

人との出会いは、情報収集だけにとどまりません。その人の運命や人生を変えることもあります。人と出会える場所に出かけましょう。そのための時間を確保しましょう。出会いから生まれた人的なネットワークは大きな財産になります。出会って何をするのか、話を聞くだけでなく、自分のミッションや想いを熱く語ることです。それが共感者を増やし、仲間づくりにもつながるでしょう。

人との出会いとともに大切なのが、自分のビジネスに関係するお店や場所に行って観察し、体験することです。生の〝現場〟を五感で感じることです。「時間があるときに行ってみよう」と思っていても、結局は行かずじまいだったということがよくあります。「行こう！」と意識することが必要です。そこで何かを得て来ようなどと思うと億劫になってしまうかも知れません。とにかく行ってみて、何かを感じてくるだけでも勉強になります。

第2章でご紹介した米屋さん。お店が休みのときには原宿のファッションのお店を見て回るそうです。「米屋でなくなぜファッションの店ですか」と質問すると、「今さら同業者の店を見ても参考になることは少ない。それよりもファッションの店で商品の配置や陳列方法を見たほうがよっぽど勉強になる」と言っていました。異業種には宝の山があるのかも知れませんね。

●先のことを考える時間を取っておくことは必須条件

いざ、仕事が始まると、時間に追われて先のことを考える時間がなかなか取れません。商品のこと、集客のこと、情報発信のこと、顧客との関係づくりのことなど、考えなければならないことは山ほどあります。でも、時間と心の余裕がない、こんな起業家の方が多くいます。

ここで活かして欲しいのが日報です。毎日の仕事の中で気がついたことや思い浮かんだアイデア、よかったことや反省点、今後に活かすことを記録してありますね。この日々の記録を1週間に1度振り返るときに、今後の自分のビジネスのあり方を具体的に考えていくのです。考える材料が日報の中に仕込まれているので、先のことも考えやすいのです。ぜひ、日報を見ながら先のことを考える時間を取ってください。

5　非効率のすすめ

●非効率なことが人の心を打つ

使ったお金や時間に対して、どれだけの効果があったのかを追求する、これが効率を求める考え方であり、「ムダを省いて生産性を上げよう！」という考え方です。これはビジネスの基本ですよね。ところが、ここではあえて効率だけを追求しないことを提案します。効率化のウラ側には決して忘れてはならないものがあると思うのです。

第8章でご紹介した展開型のビジネスの考え方を思い出してください。出会った人や自分が関わる人には、その場、その場で自分が提供できる最大限のことを惜しみなく与える、このことによって相手は、「まさかここまで」と思って心を打たれる。それがクチコミで伝わっていき、お客さまや協力者の輪が広がっていく、これが展開型のビジネスでしたよね。

効率性を度外視し、損得を抜きにしてやってくれている、だからこそ相手の心を打つのです。精一杯相手のことを考えて行動するわけですから、時間はかかります。でも、それによって得られた信頼が、私たちの財産になるのです。お金ではなく〝心と手間と時間〟をかけるということです。

時間は、常に効率性だけを求めていけばいいのではありません。相手に喜んでいただく要素は、非効率なことの中に隠されているのです。

●仕事も家庭も趣味も…、ワクワクしながら生きるのが人生だ！

起業がうまくいき、売上も事業規模も大きくなりました。ところが、離婚という羽目になってしまったという事例を聞いたことがあります。仕事一筋に頑張ったのはいいけれども、家庭のことは一切顧みなかったのが原因だというのです。

この起業は果してうまくいったと言えるのでしょうか。やはり家庭生活と仕事の両立があって、初めて成功したと言えるのだと思います。

第5章でご紹介した自分のコアを見極める作業を通して、仕事以外にワクワクすることがいくつかあったと思います。仕事でワクワク、仕事以外でもワクワク、こんな生き方をしたいものです。

仕事でワクワクできるならば、それほどストレスは感じないかも知れません。でも、お客さまからお金をいただくことは、いろいろと気遣いが必要です。そんなときに、仕事以外でもワクワクすることがあると、心に余裕ができます。また、仕事の合間に自分が一番リラックスできる場所に行くのも解放感を味わうことができますね。

仕事も生活もすべてにワクワクする、これは決して欲張りな考え方だとは思いません。〝生きる〟という視点から見ると、仕事や家庭、趣味と分けることはできません。すべてを通して楽しむことが最高の生き方だと思います。

趣味を楽しみ、家庭を大事にすることは、仕事の面だけから考えると、非効率的な時間の使い方かも知れません。しかし、長い目で見れば、仕事にもプラスになり、充実した人生のためには、きわめて効率的な時間の使い方だと言えるでしょう。

●常に目の前のことに集中する—それは自分のコアの見極めから

時間の使い方は効率的でなくてもいいといっても、ダラダラと仕事をするというわけではありません。仕事の時間もプライベートな時間も、目の前のことに集中することが必要です。損得を抜きにして目一杯お客さまに尽くすことに集中するから喜んでもらえ、感動してもらえるのです。

引退したある横綱は、「全身全霊」という言葉をよく使いました。しかし、意識して「全身全霊」

で何かをやることは難しいのではないでしょうか。気がついてみたら、「全身全霊」で仕事をしていた、人生を楽しんでいた、これが理想だと思います。そのためには、自分のコアに基づき、本来の自分を活かした仕事をする、前からやりたかった趣味に没頭する、こういうときは意識しなくても自然にそのことに集中できます。

起業を成功させること、趣味や家庭生活を楽しむこと、これは自分のワクワクの源泉である「コア」を見極めることから始まります。それともう1つ、〝他人への愛〟を表現できる仕事かどうかです。

第3章で「あなたにとって、人生の意味や目的を感じさせてくれるものは何ですか？」という質問に対して、ほとんどの人が「人の役に立つこと」と答えたという調査結果をご紹介しました。私たち人間は、他人に喜んでもらえることに大きな喜びを感じるようにつくられていると言われています。私は、このことを、仕事を通しての〝他人への愛〟と呼んでいます。これがあるかないかによって仕事への集中度が違ってきます。

自分のためだけならば、「まぁ、いいか」と妥協してしまうことでも、お客さまに喜んでいただけるならば、「全身全霊」を打ち込むことができます。こうなれば、効率とか非効率という言葉はどこかへ飛んでいってしまいます。

時間を忘れて目の前のことに打ち込む、売上ではなく、喜んでいただくために何をしたらいいのかを徹底的に考える、こんな仕事をしているときこそ、本当に幸福なときではないでしょうか。

「人生の義務は、ただ1つしかない。それは幸福になることだ」――ヘルマン・ヘッセの言葉です。

●どん底から這い上がった経営者に共通していることとは

自分が大きな病気で長期の療養生活をしたり、会社が倒産したりしてドン底から這い上がった経営者に共通していること、それは「感謝」の気持ちが強いということだということをよく耳にしたり読んだりします。

最初のうちは、「なぜ自分だけ…？」と、わが身の不遇を嘆きますが、そのうち考えが変わってくるというのです。「まだ自分にはこれだけのものが与えられている」と、「感謝」の気持ちが湧いてくるというのです。その気持ちが心の底にあると、協力者も現れて事業も好転するというのです。

「横断歩道を渡るとき、クルマが一時停止してくれるドライバーが一番多いのは何県でしょうか」というクイズをテレビでやっていました。答えは長野県だそうで、約8割が停止してくれるというダントツの1位だというのです。一時停止してくれたドライバーにお礼の会釈をして横断歩道を渡る人が多いので、こういう結果になっているそうです。ちょっとした感謝の気持ちが交通事故を防いでいるのかも知れませんね。

私が勤務していた化粧品会社で、「日本語の中で一番好きな言葉は何ですか」というアンケートを行った結果、「ありがとう」という言葉が一番だったことがありました。わかるような気がします。

感謝の気持ちによって、幸福物質であるドーパミンやエンドルフィン、癒しの物質であるセロトニン、リラックスの物質であるオキシトシンのいう脳内物質が分泌されるというのです。感謝の気持ちこそ、あらゆるマインドの中で最強のパワーを発揮する、すべてがうまくいく魔法の言葉が「ありがとう」だと言われています。

●私たちの目指すのは「ありがとう」の貯金

感謝する人は病気になりにくい、感謝すると免疫力がアップするという、健康面でもプラスになるという研究もあります。私は、マーケティングの面からも感謝はとても大事だと考えています。

売上は、商品やサービスを通してお客さまに提供した価値の代価としていただくもの、つまり満足していただいて、初めて売上につながるのです。だから、商品やサービスの視点ではなく、お客さまの視点から考えることがマーケティングの基本です。このことは第6章のビジネスモデルづくりのところで学んでいただきました。

お客さまの視点とは、「ありがとう」と言っていただく、そのためには何をしたらいいのかという視点です。お客さまの「ありがとう」という言葉に対する私たちの「ありがとう」という気持ち、感謝の気持ちが相互に行き交うのが本来あるべきビジネスの姿だと思います。

売上や収入をアップさせて豊かな生活を送ること、起業したならばこれを目指すことは当然のことであり、そうでなかったら起業が成功したとは言えません。

売上は、1人でも多くの方に喜んでいただくことによって生まれます。したがって、成功とは、周りの人からどれだけ感謝されたかを基準として判断されるのではないでしょうか。お客さまからの「ありがとう！」の積重ね、「ありがとう！」の貯金、これがどれだけできたか、私たちはこれを目指していきたいものだと思います。

●身近な人への感謝の気持ちから始まる起業の準備

起業のためには、様々な勉強や準備が必要です。さあ大変！　と思う前にやってほしいこと、それは、自分の身の回りの人、例えば家族、仕事で出会う人、買物に行ったお店の人、このような人たちに「ありがとう！」が口グセになるようにすることです。このことが常に相手のことを考える習慣につながり、相手志向、顧客志向というマーケティングの基本を日常生活の中で体感できるようになります。

さらに、感謝の気持ちを口にするだけでなく、それを行動と習慣で表す人になることが大切です。例えば、礼状を手書きで出すことを習慣にしている人、おそらく1％もいないでしょう。感謝することが大事なことは誰でも知っています。しかし、それを行動と習慣にしている人はきわめて少ないのです。知っているだけでなく実践する、そうすれば上位の1％に入ることができるかも知れません。常々私は、このことを還暦を過ぎた自分自身に言い聞かせるようにしています。

人のために全力を尽くす人は輝く！

感謝しながら生きている人は輝く！

平成30年4月23日に亡くなった鉄人、広島カープの衣笠祥雄選手の言葉です。

私に野球を与えてくれた

神様に感謝します。

私たちも、〝この仕事を与えてくれた神様に感謝する〟という素晴らしい仕事に出合い、それを全うできる人生を送りたいものですね。あなたのご健闘を心よりお祈り致します。

輝く第2の人生、それはライフワーク起業から！

大場　保男

〈参考文献〉

・「いくつになっても脳は若返る」　ジーン・D・コーエン著　ダイヤモンド社刊
・「55歳から始める最高の人生」　川北義則著　三笠書房刊
・「LIFE　SHIFT　100年時代の人生戦略」リンダ・グラットン、アンドリュー・スコット著　東洋経済新報社刊
・「2017年版　中小企業白書」　中小企業庁編
・「定年後のお金」　野尻哲史著　講談社刊
・「50歳からの出直し大作戦」　出口治明著　講談社刊
・「起業1年目の集客の教科書」　今井孝著　かんき出版刊
・「必ず成功する起業の心得」　今井孝著　アルファポリス刊
・「最強の定年後」　野口雄志著　KKロングセラーズ刊
・「年齢は捨てなさい」　下重暁子著　幻冬舎刊
・「アイデアのつくり方」　ジェームス・W・ヤング著　ティービーエス・ブリタニカ刊
・「ライフワークで豊かに生きる」　本田健著　サンマーク出版刊
・「大好きなことをしてお金持ちになる」　本田健著　フォレスト出版刊
・「ソース」　マイク・マクマナス著　ヴォイス刊

・「全脳思考」　神田昌典著　ダイヤモンド社刊
・「ビジネスモデル・ジェネレーション」　アレックス・オスターワルダー、イヴ・ピニュール著　翔泳社刊
・「起業の科学」　田所雅之著　日経ＢＰ社刊
・「書くだけで自分が９割変わる」　中司祉岐著　プレジデント社刊
・「Ａ４〝１枚でいまやるべきこと〟に気づく」　中司祉岐著　経済社刊
・「７つの習慣」　スティーブン・Ｒ・コヴィー著　キング・ベアー出版刊
・「超一流の時間力」　安田正著　日本文芸社刊
・「早起きは自分を賢くする！」　船井幸雄著　三笠書房刊

著者略歴

大場　保男（おおば　やすお）

起業支援、地域活性化を専門とする中小企業診断士。

早稲田大学第一文学部心理学科卒業後、ポーラ化粧品本舗に入社。「銀座ラ・ポーラ」、「ポーラエステティックスクール」の開設をプロデュース。その後、マーケティング企画会社を経て、46歳のときに中小企業診断士として独立起業。

神奈川県を中心に首都圏の約60か所の商店街診断や中心市街地活性化事業とともに、生鮮3品の店から墓石店まで60業種、約300の店舗や事業所のコンサルティングを行う。その間、「かながわ朝市ネットワーク」を立ち上げ、シャッター通りと呼ばれるような商店街に3000人の来場者を集め、「商店街の奇跡」としてテレビ朝日の特集でも取り上げられる。

一方、小田原箱根商工会議所の起業相談員、神奈川産業振興センターの経営相談員として600名を超える起業相談を担当。この経験の中から、本来の自分の可能性を活かした起業法である「CoBAメソッド」を開発。この手法をもとに起業融資のための経営計画作成の指導を行い、多くの相談者が金融機関の厳しい審査をクリアして開業に至る。

シニアは年齢にとらわれるべきではないという考えより、暦の上の年齢は意識していない。童顔と歩く速さで若く見られることが多いが還暦は過ぎている。

静岡県沼津で生まれ、富士山と海を眺めながら育ったせいか、のんびりとした性格。

● WEBサイト　https://lifework-kigyo.net

50代・60代のためのライフワーク起業のススメ
―本当に「やりたいこと」を見つけてビジネスにしていく手法とは

2021年2月18日 初版発行　　2023年2月2日 第3刷発行

著　者　大場　保男　© Yasuo Ooba

発行人　森　　忠順

発行所　株式会社 セルバ出版
〒113-0034
東京都文京区湯島1丁目12番6号 高関ビル5B
☎ 03（5812）1178　FAX 03（5812）1188
http://www.seluba.co.jp/

発　売　株式会社 三省堂書店／創英社
〒101-0051
東京都千代田区神田神保町1丁目1番地
☎ 03（3291）2295　FAX 03（3292）7687

印刷・製本　株式会社 丸井工文社

Printed in JAPAN
ISBN 978-4-86367-641-1